AF402472

BIBLIOTHÈQUE D'ADMINISTRATION ET DE DROIT USUEL

GUIDE DES RÉCLAMATIONS

EN MATIÈRE DE

CONTRIBUTIONS DIRECTES

ET TAXES Y ASSIMILÉES

Par **J.-B. ROUDIL**

PERCEPTEUR DES CONTRIBUTIONS DIRECTES

PARIS

LIBRAIRIE DES SCIENCES POLITIQUES ET SOCIALES

MARCEL RIVIÈRE ET Cⁱᵉ

31, Rue Jacob et 1, rue Saint-Benoît

—

1909

GUIDE DES RÉCLAMATIONS

EN MATIÈRE DE

CONTRIBUTIONS DIRECTES

ET TAXES Y ASSIMILÉES

GUIDE DES RÉCLAMATIONS

EN MATIÈRE DE

CONTRIBUTIONS DIRECTES

ET TAXES Y ASSIMILÉES

CONTENANT

*Un Recueil des Lois, Décrets et Instructions en vigueur,
l'analyse d'un très grand nombre d'arrêts du Conseil d'État
et plusieurs modèles de réclamations.*

Par **J.-B. ROUDIL**

PERCEPTEUR DES CONTRIBUTIONS DIRECTES

PARIS

LIBRAIRIE DES SCIENCES POLITIQUES ET SOCIALES

Marcel RIVIÈRE

31, Rue Jacob et 1, rue Saint-Benoît

—

1909

ABRÉVIATIONS

C. d'Et. 7 mars 1906.
Arrêt du Conseil d'Etat du 7 mars 1906.

Circ. Compt. pub.
Circulaire de la Comptabilité publique.

Circ. Cont. Dir.
Circulaire des Contributions directes.

Com. Durieu, t. Ier, p. 340.
Commentaire Durieu, tome Ier, page 340.

D. J. g., imp. dir., 590.
Dalloz : Jurisprudence générale, impôts directs, n° 590.

D. J. g., S. pat., 43.
Dalloz : Supplément au Répertoire Patente, n° 43.

D. P., 85, 4, 38, note 4.
Dalloz : Recueil périodique, année 1885, 4e partie, page 38, note 4.

Inst. gén., art. 121.
Instruction générale de 1859, article 121.

Inst. min.
Instruction ministérielle.

L. 19 juill. 1906, art. 17.
Loi du 19 juillet 1906, article 17.

S., 75, 1, 477.
Sirey, année 1875, 1re partie, page 477.

V.
Voir.

V. not. C. d'Et. 10 et 24 fév. 1905.
Voir notamment les arrêts du Conseil d'État des 10 et 24 février 1905.

PRÉFACE

Le Guide sur les réclamations en matière de contributions directes et taxes y assimilées constitue un recueil de lois, décrets, circulaires ministérielles et arrêts du Conseil d'Etat, formant la jurisprudence actuelle.

Il se divise en deux parties, subdivisées elles-mêmes en chapitres, paragraphes et numéros, avec références aux textes et arrêts invoqués.

A la première partie se trouvent développées les différentes causes de réclamations, telles que : faux emploi, double emploi, mutation de cote, exemption temporaire, cession et fermeture d'établissement, responsabilité des propriétaires, etc.

A la deuxième partie sont exposées les multiples questions de forme, de timbre, de délai, etc., relatives, soit aux demandes en décharge et réduction d'impôts présentées au Conseil de préfecture, soit aux pourvois introduits devant le Conseil d'Etat.

Une annexe comportant des modèles de réclamations, complète l'ouvrage et permet aux moins lettrés d'en tirer profit.

Très facile à consulter, ce Traité-Guide est appelé à rendre de nombreux services aux contribuables généralement peu au courant de leurs obligations et de leurs droits si complexes en matière d'impôts directs.

GUIDE DES RÉCLAMATIONS

CONTRIBUTIONS DIRECTES

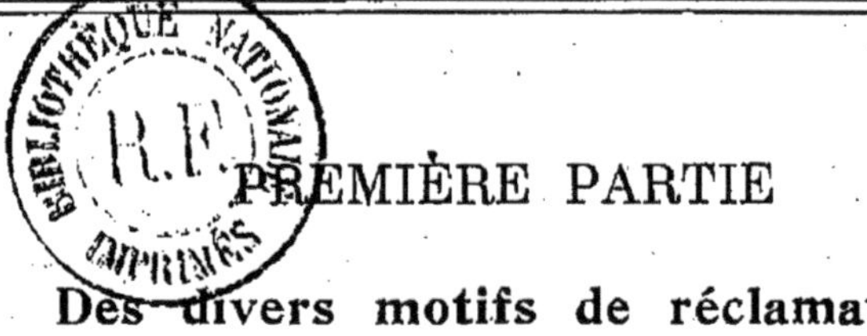

PREMIÈRE PARTIE

Des divers motifs de réclamations

CHAPITRE PREMIER

Différentes sortes de réclamations. — Juridiction compétente.

§ 1er. Généralités.

§ 2. Décharge et réduction : 1° *faux emploi* ; 2° *double emploi* ; 3° *surtaxe* ; 4° *destruction de la matière imposable.*

§ 3. Remise et modération.

§ 4. Juridiction compétente : 1° *conditions auxquelles est subordonnée la compétence du conseil de préfecture* ; 2° *étendue de cette compétence.*

§ 1er. — GÉNÉRALITÉS

1. — Plusieurs sortes de réclamations peuvent être formées en matière de contributions directes et taxes assimilées aux contributions directes :

1° Les demandes en décharge, si le contribuable a été inscrit au rôle à raison d'éléments qu'il ne possède pas ou ne possède plus ;

2° Les demandes en réduction, si la cote est trop élevée ;

3° Les demandes en remise, si le contribuable d'abord justement imposé a perdu la totalité de ses facultés imposables ;

4° Les demandes en modération, lorsqu'il n'a perdu qu'une partie des revenus objet de la taxe.

2. — Le contribuable qui fait une demande en décharge ou en réduction agit en vertu d'un droit; celui qui forme une demande en remise ou en modération se borne à solliciter une faveur qu'il ne peut réclamer par la voie contentieuse.

De là, deux catégories de réclamations : les demandes en décharge et en réduction et les demandes en remise ou en modération.

3. — A la première catégorie, c'est-à-dire aux demandes en décharge et en réduction se rattachent :

1° Les demandes en mutation de cote ;

2° Les demandes en exemptions temporaires d'impôts ;

3° Les demandes en transfert de patente ;

4° Les demandes relatives aux fermetures d'établissements ;

5° Les demandes relatives à la responsabilité des propriétaires et principaux locataires ;

6° Les demandes relatives au cadastre ;

7° Les demandes en restitution de sommes indûment perçues.

4. — Il est accordé décharge à tout contribuable compris au rôle de la contribution **foncière,** lorsqu'il a été taxé pour un bien qui ne lui appartient pas, ou dans une commune qui n'est pas celle où son bien se trouve situé, ou enfin lorsqu'il se trouve imposé deux fois dans un même rôle pour la même propriété.

Dans le premier cas il y a lieu à mutation de cote et le propriétaire ou contribuable réel doit être mis en cause pendant l'instruction de la demande. *(Inst. gén. art. 122, § 1ᵉʳ.)*

5. — En ce qui concerne les propriétés non bâties, il n'est plus admis de demande en décharge ou réduction après l'expiration des six mois qui suivent la mise en recouvrement du premier rôle cadastral, à moins que la propriété n'ait été détruite, ou n'ait notablement perdu de sa valeur par suite d'événements extraordinaires ou de causes indépendantes du propriétaire. *(Inst. gén., art. 122, § 2.)*

6. — Des exemptions temporaires d'impôt foncier peuvent être demandées pour :

1° Semis ou plantation de bois. *(L. 3 frim., an VIII, art. 116.)*

2° Plantation ou replantation de vignes. *(L. 1ᵉʳ déc. 1887, art. 1ᵉʳ.)*

3° Construction d'habitations à bon marché. *(L. 30 nov. 1894, art. 9.)*

4° Constructions nouvelles, reconstructions et additions de constructions. *(L. 3 frim., an VIII, art. 88, et L. 18 août 1890, art. 9.)*

7. — Les propriétaires de maisons ont droit à des décharges sur la contribution des **portes et**

fenêtres, s'ils ont été taxés pour des ouvertures que la loi exempte de l'impôt. Ils ont droit à des réductions, s'ils ont été imposés dans une proportion trop forte ou pour un nombre d'ouvertures supérieur à celui des portes et fenêtres existant aux bâtiments qu'ils possèdent. Ils peuvent aussi obtenir des mutations de cote dans les cas prévus par l'art. 5 de la loi du 2 messidor, an VII, et par l'art. 2 de l'arrêté du 24 floréal, an VIII. *(Inst. gén., art. 123.)*

8. — L'exemption temporaire de l'impôt des portes et fenêtres peut être demandée pour les maisons nouvellement construites ayant le caractère légal d'habitations à bon marché. *(L. 30 nov. 1894, art. 9.)*

9. — Il est encore accordé des dégrèvements, soit sur la contribution foncière, soit sur celle des portes et fenêtres :

1° Pour démolition ou destruction de maisons et d'usines par incendie, inondation ou toute autre cause ;

2° Pour imposition prématurée et surimposition de maisons ou d'usines nouvellement construites ;

3° Pour vente à l'Etat, aux départements et aux communes, de propriétés bâties ou non bâties, destinées à un service public ;

4° Pour conversion de maisons ou d'usines en bâtiments ruraux, à ce titre imposables seulement pour le sol.

10. — Les faits antérieurs au 1er janvier de l'année pour laquelle les contributions sont établies donnent lieu à des décharges ou réductions qui sont prononcées par le conseil de préfecture.

Pour les faits postérieurs à l'ouverture de l'exercice, il est statué par le préfet, et les dégrèvements sont accordés à titre de remises ou modérations. *(Inst. gén., art. 125.)*

11. — Il y a lieu à décharge sur la contribution **personnelle=mobilière** :

1° Pour faux emploi, lorsqu'un contribuable est taxé dans une commune où il n'a pas d'habitation, ou lorsqu'il se trouve dans les exceptions déterminées par la loi ;

2° Pour double emploi, lorsque, n'ayant qu'une seule habitation, il est imposé en même temps dans plusieurs communes ou deux fois dans la même.

Tout contribuable, dont la cote établie dans le rôle où elle devait l'être a été calculée dans une proportion trop forte, a droit à une réduction. *(Inst. gén., art. 126.)*

12. — Les individus imposés dans les rôles de la contribution des **patentes** ont droit à la décharge entière de leur cote :

1° Lorsqu'ils ont été imposés par double emploi dans le rôle d'un même exercice ;

2° Lorsque la profession pour laquelle ils ont été taxés n'est point sujette à patente ;

3° Lorsqu'ils ont cessé la profession ou le commerce qu'ils exerçaient avant le 1er janvier de l'année pour laquelle le rôle est établi. *(Inst. gén., art. 127.)*

13. — Ils obtiennent la réduction de leur taxe :

1° S'ils ont été imposés à des droits ou demi-droits fixes supérieurs à ceux qui sont légalement dus ;

2° S'ils ont été imposés pour une profession donnant lieu à une patente plus élevée que celle de la profession qu'ils exercent ;

3° Si le loyer qui a servi de base à la fixation du droit proportionnel a été surévalué ;

4° Si, avant le 1ᵉʳ janvier de l'année pour laquelle le rôle est établi, ils ont quitté leur profession pour en prendre une nouvelle qui serait assujettie à un droit plus faible. *(Inst. gén., art. 127.)*

14. — En cas de cession d'établissement, la patente est, sur la demande du cédant ou du cessionnaire, transférée à ce dernier. *(L. 15 juill. 1880, art. 28.)*

15. — Enfin, en cas de fermeture des établissements, magasins, boutiques et ateliers, par suite de décès, de liquidation judiciaire ou de faillite déclarée, les droits de patente ne sont dus que pour le passé et le mois courant. Sur la réclamation des parties intéressées, des syndics ou des liquidateurs, il est accordé décharge du surplus de la taxe. *(L. 8 août 1890, art. 30.)*

16. — En matière de **taxes assimilées** aux contributions directes, donneraient lieu à décharge ou réduction les impositions établies notamment sur des éléments que le contribuable ne possédait pas ou ne possédait plus au 1ᵉʳ janvier de l'année pour laquelle se trouvent imposés ces éléments, tels que les taxes de billards, chevaux et voitures, poids et mesures, chiens, prestations, etc.

17. — Toutefois, en matière de prestations, l'art. 5 de la loi du 31 mars 1903 dispose que les conseils municipaux peuvent remplacer par une taxe vicinale le produit des journées de prestation que les communes sont tenues de voter pour les chemins vicinaux. Cette taxe est représentée par des centimes additionnels aux quatre contributions directes dont elle suit le sort d'office, c'est-à-dire qu'il est accordé d'office décharge ou réduction au contribuable qui en obtient pour ses contributions, sans qu'il soit besoin de présenter de réclamation spéciale pour la taxe vicinale. *(Circ. cont. dir., 4 nov. 1903.)*

18. — Mais cette taxe est une imposition générale qui doit frapper tous les contribuables de la commune; aussi les exemptions qui étaient prévues, en matière de prestations, par la loi de 1836, n'existent pas en ce qui concerne la taxe vicinale, et les femmes doivent en conséquence y être assujetties. *(C. d'Et. 10 et 24 févr. 1905.)*

19. — Cependant, le conseil de préfecture de la Savoie, prétendant que l'art. 5 de la loi du 31 mars 1903 n'a pas abrogé les dispositions de la loi de 1836, en ce qui concerne les conditions d'âge, de sexe ou d'habitation requises pour être imposable à la prestation, s'est prononcé dans le sens contraire et a accordé décharge de la taxe vicinale à un contribuable imposé dans une commune où il possédait du foncier, mais où il n'avait aucune habitation. *(Arrêté cons. de préf. de la Savoie du 4 nov. 1905.)*

§ 2. — DÉCHARGE ET RÉDUCTION

20. — Tout contribuable qui se croira imposé à tort ou surtaxé, adressera sa demande en décharge ou en réduction au préfet ou au sous-préfet, dans les trois mois de la publication du rôle, sans préjudice des délais accordés par les lois pour des cas spéciaux. *(L. 13 juill. 1903, art. 17, § 1ᵉʳ.)*

21. — Les demandes en décharge ou en réduction sont formées pour obtenir le dégrèvement total ou partiel d'un impôt qui n'est pas dû ou n'est dû qu'en partie. Ces demandes peuvent être motivées sur faux emploi, double emploi, surtaxe ou destruction de la matière imposable. *(D. J. g. imp. dir. 434, 435.)*

1° *Faux emploi.*

22. — Il y a faux emploi, toutes les fois qu'on demande à un individu un impôt qu'il ne doit pas. *(D. J. g. imp. dir. 435.)*

23. — D'une manière générale, la situation du contribuable au 1ᵉʳ janvier détermine ses obligations envers le Trésor, et décharge doit lui être accordée, pour faux emploi, en ce qui concerne tous les éléments qu'il ne possède plus à cette date. *(C. d'Et. 17 juill. 1896.)*

24. — En matière de patente, le fait de la cessation du commerce, de l'industrie, de la profession, suffit pour que le contribuable en soit affranchi. *(D. J. g. pat. 328.)*

25. — Et il doit être accordé décharge au patentable qui a cessé d'exercer sa profession avant le 1er janvier, l'imposition ainsi établie constituant un faux emploi. *(C. d'Et. 27 oct. 1893 ; 2 mars 1894 ; 25 janv. 1896 ; 25 janv. 1898 ; 12 mai 1899.)*

26. — Il en est de même en matière de contribution personnelle mobilière. Ainsi le 1er janvier détermine pour l'année entière : 1° celui qui doit la contribution ; 2° le lieu où elle est due ; 3° les éléments à raison desquels elle est imposable.

27. — En conséquence, obtiendront décharge de leurs cotisations comme constituant de faux emplois : les contribuables dont la maison a été démolie avant la fin de l'exercice précédent ; ceux qui n'avaient plus d'habitation dans la commune au 1er janvier ; ceux qui ont enlevé avant le 1er janvier les meubles garnissant leur logement ; ceux enfin qui ont sous-loué leur appartement antérieurement au 1er janvier. *(C. d'Et. 18 févr. 1854; 6 août 1856; 23 nov. 1895; 18 déc. 1897.)*

28. — Mais pour devoir l'impôt mobilier dans une commune pour l'année entière, il suffit d'y avoir au 1er janvier une habitation meublée. *(V. not. C. d'Et. 25 mai 1894 ; 19 janv. 1895 ; 1er mai 1896.)*

29. — Constituerait également un faux emploi et donnerait lieu à décharge, l'imposition d'un contribuable ne possédant au 1ᵉʳ janvier aucun élément de cotisation pouvant donner lieu à la taxe pour laquelle il est porté au rôle de la contribution des chevaux et voitures ; ou ne possédant dans la commune aucun élément pouvant servir de base à la taxe des prestations à laquelle il a été imposé. *(C. d'Et. 19 nov. 1886 ; 25 févr. 1887.)*

2° *Double emploi.*

30. — Il y a double emploi, lorsqu'un même bien est cotisé deux fois ou lorsqu'on taxe deux fois la même personne. *(D. J. g. imp. dir. 435.)*

31. — Le changement de résidence, même postérieur à la formation des rôles de l'année suivante, donne droit à la décharge de la contribution personnelle et mobilière pour cette année, s'il est justifié que le contribuable a été imposé dans sa nouvelle résidence, parce qu'il est alors victime d'un double emploi. *(D. J. g. imp. dir. 437.)*

31 *bis*. — Le contribuable qui a loué un logement dans une nouvelle commune, à partir du 1ᵉʳ janvier, logement dont il n'a pris possession que le 5 janvier, en vertu de la faculté laissée par les usages locaux d'emménager dans la quinzaine, est imposable dans cette commune, tant à la taxe personnelle qu'à la contribution mobilière, et la réclamation, tendant à obtenir le dégrèvement de la taxe à laquelle il a été assujetti dans cette dernière commune, doit être rejetée, alors même qu'il n'aurait pas demandé décharge de l'imposition établie dans la première commune constituant le double emploi sujet au dégrèvement. *(C. d'Et. 29 mars 1901.)*

32. — La jurisprudence du Conseil d'Etat était déjà fixée en ce sens pour les déménagements à Paris. Un contribuable qui s'est installé dans les premiers jours de l'année dans un logement dont la location courait du 1ᵉʳ janvier, est imposable à la contribution mobilière à raison dudit logement et non à raison de celui qu'il occupait encore au 1ᵉʳ janvier, en vertu d'une tolérance locale et bien que le bail fût expiré. La décision du 29 mars 1901 donnée ci-dessus étend cette jurisprudence au cas de changement de commune après le 1ᵉʳ janvier.

32 bis. — Le contribuable qui a cessé, antérieurement au 1ᵉʳ janvier de l'année litigieuse, d'être locataire d'un appartement, et qui, ayant transporté son domicile dans une autre commune, y a été imposé, ne reste pas imposable au lieu de son ancienne résidence, bien que, par suite d'un accord avec son ancien propriétaire, il n'ait effectué son déménagement que dans le courant de janvier. *(C. d'Et. 18 avr. 1905.)*

33. — Un contribuable dont l'habitation est située sur la ligne séparative de deux communes, est imposable dans celle de ces communes où il réside habituellement, sur le territoire de laquelle sont situées les principales pièces de son logement, ainsi que ses écuries et bâtiments d'exploitation agricole. Il en est de même pour l'imposition aux prestations et à la taxe sur les chiens. *(C. d'Et. 24 nov. 1906.)*

33 bis. — Un logement étant occupé indivisément par le gendre et sa belle-mère, et une seule cote ayant été établie sous une rubrique collective composée des deux noms, chacun des deux contribuables est fondé à demander la division de la cote. Mais ils ne sont pas fondés à se prévaloir de l'irrégularité commise pour obtenir la décharge de l'impôt contesté. *(C. d'Et. 16 févr. 1906.)*

34. — Aux termes du deuxième paragraphe de l'art. 28 de la loi du 21 avril 1832, tout contribuable qui, par suite de changement de résidence avant le 1er janvier, se trouve omis au rôle de sa nouvelle résidence peut, dans un délai de trois mois après la publication du rôle dans cette commune, demander son inscription sur le rôle de la contribution personnelle-mobilière et des portes et fenêtres. Il pourra ensuite, comme conséquence, demander la décharge de la contribution personnelle-mobilière à laquelle il se trouverait imposé à son ancienne résidence et formant double emploi.

3° *Surtaxe.*

35. — La surtaxe donne lieu à une demande en réduction ; elle peut provenir d'erreur de cotisations, d'erreur de calcul ou d'une erreur matérielle. *(C. d'Et. 12 déc. 1834.)*

36. — Il y a surtaxe, et par conséquent lieu à réduction, si le contribuable a été assujetti à l'impôt des portes et fenêtres pour un nombre d'ouvertures supérieur à celui des ouvertures légalement imposables. *(C. d'Et. 10 juin 1887).*

36 bis. — Il y a également surtaxe si, dans la fixation de la valeur locative devant servir de base à l'impôt foncier d'un bâtiment, on n'a pas déduit l'impôt des portes et fenêtres, l'abonnement aux eaux, les réparations locatives, la taxe sur les ordures ménagères, le prix du chauffage des appartements par le calorifère, lorsque le propriétaire établit implicitement ou par une clause expresse des baux que ces impositions ou ces charges doivent être supportées par lui. *(C. d'Et. 14 déc. 1906.)*

36 ter. — Le fait que des habitants, non déclarés indigents par le Conseil municipal, n'ont pas été portés sur la matrice par les répartiteurs et ont été ainsi exemptés de la contribution personnelle-mobilière, constitue une surtaxe pour les autres contribuables, dont cette exemption irrégulière a eu pour effet d'accroître leur imposition, et ils ont droit à une réduction. Le Conseil de préfecture doit les renvoyer devant l'administration pour y être procédé au calcul des impositions dont ils auraient été passibles si la répartition avait été effectuée conformément à la loi. *(C. d'Et. 12 févr. 1906.)*

4° Destruction de la matière imposable.

37. — Les articles 37 et 38 de la loi de finances du 15 septembre 1807, veulent que les propriétaires d'immeubles non bâtis puissent se pourvoir en décharge ou réduction en cas de destruction ou d'anéantissement de ces propriétés, et que les propriétaires de maisons soient admis à former les mêmes réclamations. Il en est ainsi même depuis la loi du 8 août 1890, en cas de destruction totale ou partielle de propriétés bâties.

§ 3. — REMISE ET MODÉRATION

38. — L'administration accorde la remise entière ou une modération de la taxe aux contribuables qui ont éprouvé des pertes de revenus par suite de grêle, d'incendie, ou d'autres événements extraordinaires.

La remise leur est accordée, s'ils ont été privés de la totalité des revenus qui font l'objet de la taxe.

Ils obtiennent une simple modération, s'ils n'ont perdu qu'une partie de leurs revenus. *(Inst. gén. art. 121.)*

39. — Les vacances de maisons destinées à la location ainsi que le chômage d'usines donnent droit à des dégrèvements pour la contribution foncière et celle des portes et fenêtres. *(Inst. gén. art. 124, 1er alinéa.)*

40. — Les contribuables peuvent également solliciter le dégrèvement, à titre gracieux, de tout ou partie de leurs cotisations, pour cause d'indigence, de gêne, d'infirmités, de charges de famille, de défaut de travail, de modicité des ressources ou des bénéfices, etc.

41. — Enfin, l'art. 1er de la loi du 21 juillet 1897 a créé, pour la contribution foncière des propriétés non bâties, une catégorie nouvelle de demandes en remise ou modération pour les cotes de 25 francs et au-dessous (part de l'Etat).

§ 4. — JURIDICTION COMPÉTENTE

42. — L'autorité administrative, la seule dont il y ait à s'occuper ici, est, en principe, compétente en matière de contributions directes et taxes assimilées.

43. — Toutes les actions contentieuses qui, en matière de contributions directes, sont de la compétence administrative, doivent être soumises au Conseil de préfecture *(D. J. g. imp. dir. 594 et 623.)*

44. — A s'en tenir au texte de la loi du 28 pluv. an VIII, les attributions des Conseils de préfecture seraient restreintes aux demandes en décharge ou en réduction ; mais la jurisprudence a fini par admettre que le Conseil de préfecture est juge de tout le contentieux des contributions directes. *(Com. Durieu, t. 1er, p. 366.)*

45. — Les arrêtés des Conseils de préfecture

peuvent être attaqués devant le Conseil d'Etat dans le délai de deux mois à dater de la notification, lorsqu'ils sont contradictoires, et à dater de l'expiration du délai d'opposition lorsqu'ils ont été rendus par défaut. *(L. 22 juill. 1889, art. 57.)*

46. — Les demandes en remises et modérations relèvent de la juridiction gracieuse des préfets et du ministre des finances.

1° Conditions auxquelles est subordonnée la compétence du Conseil de préfecture.

47. — Pour que le Conseil de préfecture soit compétent, il faut, en premier lieu, que le procès s'engage sur des cotes de contributions imposées dans les communes de son département.

48. — Un Conseil de préfecture d'un département serait donc incompétent pour statuer sur une réclamation concernant une contribution établie dans un autre département, alors même que le contribuable en réclamation habiterait dans le ressort dudit Conseil. *(C. d'Et. 2 déc. 1893.)*

49. — De même un entrepreneur de travaux publics imposé à tort dans une commune, à raison de travaux qu'il y a exécutés, n'est pas recevable à demander décharge des droits de patente auxquels il a été assujetti à raison des travaux dont il était adjudicataire dans cette commune devant le Conseil de préfecture du département de son domicile et où se trouve le siège de ses affaires. Sa réclamation doit être faite devant le Conseil de préfecture du département dans lequel se trouve la commune où est établie l'imposition. *(C. d'Et. 18 janv. 1895.)*

49 *bis*. — Dans le cas où un patentable a dans une commune le siège de ses opérations commerciales, qu'il y possède des locaux où sont reçus les clients, où sont centralisées la direction des affaires, la correspondance et la comptabilité, c'est dans cette commune et non pas dans une autre, où le contribuable ne possède qu'un atelier affecté à des travaux de fabrication et de manutention, que ce commerçant doit être assujetti au droit fixe de patente. *(C. d'Et. 6 juill. 1906.)*

50. — Il faut, en second lieu, pour que le Conseil de préfecture soit compétent, que la réclamation porte sur une contribution directe ou sur une taxe assimilée à ces contributions par un texte de loi.

51. — Le Conseil de préfecture serait incompétent, s'il s'agissait de réclamations ayant pour objet les contributions indirectes ou taxes assimilées à ces contributions, notamment en matière de droits de stationnement, de droits de mesurage, de droits de voirie. *(C. d'Et. 19 mai 1865 ; 28 févr. 1866 ; 27 mai 1892.)*

52. — Il faut enfin, pour que la demande soit de la compétence du Conseil de préfecture, que, par sa nature, la réclamation portée devant cette juridiction rentre dans l'une des catégories pour lesquelles un texte de loi lui a attribué compétence.

2° *Etendue de cette compétence.*

53. — Les Conseils de préfecture, chargés de prononcer sur les demandes en décharge ou en réduction de contributions directes, sont par là même compétents pour décider, sur ces demandes, si la contribution dont le dégrèvement est réclamé a une base légale. *(C. d'Et. 16 déc. 1868.)*

54. — Le Conseil de préfecture est compétent pour apprécier la légalité des actes qui établissent des taxes ou les formes dans lesquelles ces taxes sont recouvrées. *(C. d'Et. 12 août 1859 ; 22 déc. 1863 ; 13 mai 1865 ; 27 avril 1877.)*

55. — Les oppositions aux poursuites, même judiciaires, peuvent être portées directement devant le Conseil de préfecture lorsqu'elles sont fondées sur un moyen tiré de l'irrégularité du rôle, de l'inexistence de la dette, de l'extinction de la dette par le paiement ou la prescription, de l'irrégularité des poursuites administratives. *(V. not. C. d'Et. 10 septembre 1845 ; 17 janvier 1846 ; 31 mars 1847 ; 30 octobre 1848.)*

55 *bis*. — Les contribuables possédant du mobilier ou du matériel saisis en paiement des impôts dus par un tiers doivent porter leur opposition devant les tribunaux judiciaires après avoir, toutefois, déposé leur mémoire en revendication à l'autorité administrative. *(Tribunal civil Seine 26 oct. 1906.)*

56. — Un jugement du tribunal des conflits, du

30 avril 1898, range dans le contentieux administratif la demande en nullité d'un commandement, motif pris de ce qu'il avait été fait sans droit et. sans titre, et que la taxe syndicale, objet de la poursuite, n'était pas due.

57. — Les tribunaux civils, conformant leur jurisprudence à celle du tribunal des conflits, admettent depuis plusieurs années la distinction suivante : compétence judiciaire, si la nullité de l'acte de poursuite judiciaire est demandée pour un vice de forme ; compétence administrative, si la prétendue nullité met en discussion la réalité, l'existence ou la quotité de la dette. *(Tribunal civil : Grenoble, 28 avril 1890 ; Seine, 7 mars 1899 ; Provins, 18 avril 1901 ; Seine, 17 juin 1901, 29 déc. 1902, 24 févr. 1903 ; Marseille, 26 févr. et 12 mars 1903, 23 févr. 1904 ; Seine, 15 févr. et 11 avril 1905 ; Gap, 7 août 1906.)*

58. — La Cour de cassation s'est également prononcée en ce sens par un arrêt du 10 décembre 1900.

59. — Le contribuable qui fait une opposition à la saisie pratiquée par le percepteur en prétendant qu'il n'était pas dans le cas d'être poursuivi comme s'étant libéré des impôts par lui dus, porte à bon droit sa réclamation devant le Conseil de préfecture seul compétent pour en connaître ; mais son opposition n'est pas fondée s'il résulte de l'instruction qu'au jour où notification de la saisie lui a été faite il était débiteur d'un arriéré. *(C. d'Et. 4 mars 1904.)*

59 *bis*. — Aux termes de l'art. 16 de l'arrêté consulaire du 16 thermidor an VIII, et de la loi du 29 mars 1897, art. 35, le percepteur doit émarger sur le rôle, en présence du contribuable, la somme qu'il reçoit et en délivre quittance à la suite de cet émargement. D'autre part, à moins de conventions contraires, les débiteurs de sommes d'argent ne peuvent se libérer qu'en espèces ou en valeurs ayant cours légal. En conséquence le contribuable qui a transmis à un percepteur, par mandat-poste, le montant de ses impositions, n'est pas libéré de sa dette à la date de l'arrivée du mandat, mais seulement à la date où le percepteur, après encaissement volontaire dudit mandat, en a délivré quittance. *(C. d'Et. 4 avr. 1906.)*

59 *ter*. — La personne indûment imposée comme propriétaire et poursuivie en vertu du rôle en paiement des termes échus, ne doit pas se contenter de protester auprès du percepteur, mais bien saisir, dans le délai imparti, le Conseil de préfecture de sa réclamation.

Les percepteurs sont étrangers à la confection des rôles et ne sont chargés que du recouvrement, sur les contribuables, de l'impôt tel qu'il figure sur les rôles ; ils n'ont pas qualité pour en redresser les erreurs et ne peuvent être recherchés devant les tribunaux ordinaires pour le préjudice que leurs poursuites ont pu causer du moment que ces poursuites ont été engagées dans l'exercice normal de leurs fonctions. Les tribunaux ordinaires ne peuvent connaître que des actions basées sur les fautes personnelles des comptables. *(C. de Paris 1ᵉʳ févr. 1906.)*

60. — Mais la question de savoir si une société, autre qu'une société anonyme, est responsable du paiement de la cote inscrite au nom d'un associé, lorsque la régularité de l'inscription n'est pas contestée, est une question intéressant, non l'assiette, mais le recouvrement de la contribution et est, par suite, de la compétence de l'autorité judiciaire. *(C. d'Et. 20 mars 1903.)*

61. — En ce qui touche les demandes en restitution formées par des tiers qui ont payé en l'acquit des contribuables inscrits, la jurisprudence fait aujourd'hui la distinction suivante :

1° Si le tiers a payé la contribution à la suite de poursuites dirigées personnellement contre lui, la demande en remboursement sera de la compétence du Conseil de préfecture. *(V. not. C. d'Et. 9 juin 1868 ; 28 janvier 1869 ; 28 février 1870 ; 19 novembre 1880 ; 16 avril 1886.)*

2° Si, au contraire, le paiement a été fait volontairement, c'est-à-dire sans poursuites nominatives contre le tiers, les tribunaux judiciaires sont seuls compétents. *(C. d'Et. 7 sept. 1864 ; 11 déc. 1867 ; 12 février 1868 ; 7 juillet 1882 ; 2 novembre 1888 ; 5 août 1898.)*

62. — Le Conseil de préfecture est encore compétent pour statuer sur la question de savoir si le propriétaire est responsable de la contribution des patentes de son locataire, alors même que la réclamation est présentée sous forme d'une demande en restitution de sommes payées à ce titre par le propriétaire. *(V. not. C. d'Et. 2 mars 1849 ; 31 juillet 1856 ; 19 février 1863 ; 8 novembre 1878 ; 21 janvier 1887 ; 26 janvier 1889.)*

63. — Mais il est incompétent pour statuer sur une demande de dommages-intérêts formée par un contribuable, même accessoirement à une demande en restitution du montant d'une contribution dont il n'était pas débiteur. *(C. d'Et. 21 janv. 1887.)*

64. — De même si l'opposition aux poursuites est motivée par des nullités de forme relevées dans les actes, il n'est pas douteux que le tribunal civil ait une compétence absolue pour connaître de l'affaire. *(Com. Durieu, t. 1ᵉʳ, p. 325.)*

CHAPITRE II

Demandes en mutation de cote.

§ 1er. Généralités.
§ 2. Compétence.
§ 3. Qualité pour demander la mutation.
§ 4. Formes, délais et instruction de la demande.
§ 5. Au nom de qui la mutation peut être prononcée.

§ 1er. — GÉNÉRALITÉS

65. — Lorsqu'une propriété a été cotisée à la contribution foncière sous le nom d'une personne autre que le véritable propriétaire, ce dernier ou l'imposé peuvent réclamer la mutation de cote. *(L. 2 mess. an VII, art. 5.)*

66. — Il en est de même pour la contribution des portes et fenêtres et pour les redevances sur les mines. *(L. 8 juill. 1852, art. 13.)*

67. — Les demandes en mutation de cote ont donc pour but de faire inscrire au nom du véritable propriétaire ou débiteur, la contribution portée au nom d'un autre contribuable, qui, par suite de circonstances diverses, ne devait plus être assujetti.

68. — Les mutations de cote peuvent être opérées par voie administrative avant la confection du rôle, ou par voie contentieuse après cette confection.

69. — Dans le premier cas, avant l'émission du rôle, si la mutation n'est pas opérée d'office par les services qui en sont chargés, l'article 36 de la loi du 3 frimaire, an VII, trace la marche à suivre.

70. — Le contribuable, propriétaire ancien ou nouveau, fournit à l'administration des contributions directes, dans l'espèce au percepteur, ou au contrôleur pour la commune où ce dernier a sa résidence, la note des mutations foncières à opérer. Cette note doit contenir la désignation précise de la propriété ou des propriétés qui en font l'objet et indiquer à quel titre la mutation doit être opérée.

71. — Tant que cette note n'aura pas été inscrite à la matrice, à la diligence des intéressés, c'est-à-dire tant que la mutation ne sera pas faite, l'ancien propriétaire continuera à être imposé au rôle et, lui ou ses héritiers naturels pourront être contraints au paiement de l'imposition foncière, sauf leur recours contre le nouveau propriétaire. *(L. 3 frim. an VII, art. 36, 2ᵉ alinéa ; C. d'Et. 8 mai 1901.)*

72. — Dans le second cas, après l'émission du rôle, la demande doit être adressée à la préfecture ou à la sous-préfecture dans la forme ordinaire des réclamations et comme il est expliqué ci-après.

§ 2. — COMPÉTENCE

73. — En matière de mutation de cote, le Conseil de préfecture n'est compétent qu'autant qu'il y a un texte formel. Ce texte existe pour l'impôt foncier et pour la contribution des portes et fenêtres. *(L. 2 mess. an VII, art. 15 et L. 8 juill. 1852, art. 13.)*

74. — Encore ce dernier article n'autorise les mutations de cote, en matière de contribution des portes et fenêtres, que dans l'hypothèse où l'imposition a été établie sous un autre nom que celui sous lequel elle devait l'être. *(C. d'Et. 18 juin 1898.)*

75. — Mais, aucune disposition de loi n'autorise un contribuable, quittant son logement dans le courant de l'année, à demander que les douzièmes restant à échoir soient transférés au nom de celui qui le remplace. *(C. d'Et. 19 juill. 1854 ; 18 juin 1898.)*

76. — En cas de vente d'une mine, le Conseil de préfecture doit, sur la demande du vendeur, prononcer la décharge des redevances en faveur de celui-ci par voie de mutation de cote au nom de l'acheteur. *(C. d'Et. 23 nov. 1888.)*

77. — En l'absence d'un texte autorisant la mutation, la juridiction contentieuse ne peut la prononcer.

Aucune loi n'autorise notamment les mutations de cote en matière de contribution mobilière. *(C. d'Et. 9 juin 1876 ; 16 avr. 1886.)*

78. — Les demandes en mutation de cote ne sont

pas non plus admises en matière de taxe des prestations; de taxe sur chevaux et voitures, de taxe de pavage et de balayage. *(C. d'Et. 8 mars 1851 ; 12 janv. 1865 ; 14 janv. 1869 ; 30 juin 1876.)*

§ 3. — QUALITÉ POUR DEMANDER LA MUTATION

79. — Les demandes en mutation de cote peuvent être présentées par celui qui se prétend propriétaire d'un immeuble inscrit au nom d'une autre personne, par suite d'un acte d'acquisition. *(C. d'Et. 22 mars 1854 ; 20 juillet 1888 ; 4 nov. 1904.)*

80. — Les demandes en mutation de cote peuvent également être faites par ceux qui prétendent n'être pas ou n'être plus propriétaires des immeubles pour lesquels ils figurent au rôle foncier. *(C. d'Et. 12 avril 1878 ; 4 juin 1886 ; 18 juillet 1891.)*

81. — Le propriétaire d'un terrain sur lequel un locataire élève des constructions est fondé à demander que les contributions foncière et des portes et fenêtres qui ont été mises à son nom soient, par voie de mutation de cote, inscrites au nom de son locataire. *(C. d'Et. 24 févr. 1894 ; 26 juin 1897.)*

82. — Mais, lorsqu'une construction a été élevée par un locataire qui doit la laisser au propriétaire du terrain à l'expiration du bail, sans aucune indemnité, les impositions foncière et des portes et fenêtres doivent être mises à la charge du propriétaire du terrain qui est d'ores et déjà propriétaire des constructions, et la mutation de cette cote peut être demandée par le locataire. *(C. d'Et. 3 avr. 1903.)*

83. — En matière de contribution des portes et fenêtres, la mutation de cote peut être demandée, non seulement par l'ancien et le nouveau propriétaire, comme pour la contribution foncière, mais encore par celui qui avait, avant le 1er janvier, quitté la maison imposée et par celui qui l'y a remplacé. *(C. d'Et. 20 sept. 1859 ; 26 juin 1890 ; 14 févr. 1891.)*

84. — Le nu-propriétaire peut demander la mutation de cote au nom de l'usufruitier. *(C. d'Et. 3 mai 1890.)*

85. — Quand deux époux sont mariés sous le régime de la séparation de biens, le mari peut demander la mutation de cote au nom de sa femme des immeubles qui appartiennent à celle-ci. *(C. d'Et. 24 juill. 1861.)*

86. — Lorsque la séparation de bien a été prononcée par décision judiciaire, c'est à tort que l'impôt foncier afférent à des immeubles appartenant à la femme est inscrit au nom du mari, et la femme peut demander la mutation de cote. *(C. d'Et. 6 nov. 1901.)*

87. — Après le décès de son conjoint, l'époux survivant peut demander la mutation de cote au nom des héritiers du prédécédé. *(C. d'Et. 25 avr. 1879.)*

§ 4. — FORMES, DÉLAIS ET INSTRUCTION DE LA DEMANDE

88. — Aux termes de l'arrêté du 24 flor. an VIII, les demandes en mutation de cote sont présentées, instruites et jugées comme les demandes en décharges.

89. — Ces demandes, soumises au timbre quand elles ont pour objet une cote de 30 francs et au-dessus, doivent être présentées dans les trois mois de la publication des rôles. *(C. d'Et. 1ᵉʳ déc. 1864 ; 9 mai 1879 ; 17 mars 1882.)*

90. — L'ancien propriétaire ne pourrait bénéficier, pour présenter une demande en mutation de cote, des dispositions de l'art. 4 de la loi du 29 déc. 1884, aux termes duquel le délai de trois mois pour la présentation des réclamations motivées sur faux ou double emploi, court seulement du jour où le contribuable a eu connaissance officielle des poursuites dirigées contre lui. *(C. d'Et. 12 juin 1901 ; 30 juill. 1902.)*

91. — De même, n'est pas recevable une demande en mutation partielle de cote présentée plus de trois mois après la publication du rôle, bien qu'il s'agisse d'un faux emploi, lorsque la réclamation ne porte pas sur l'intégralité de la cote. *(C. d'Et. 30 janv. 1897.)*

92. — Pour que la mutation de cote puisse avoir lieu, le contribuable réclamant doit fournir toutes les indications nécessaires de nature à faciliter le transfert de la cote au nom du véritable débiteur de l'impôt.

93. — Ainsi, sa demande serait rejetée par le Conseil de préfecture, s'il ne donnait pas le nom du propriétaire actuel. *(C. d'Et. 22 mars 1872 ; 6 juin 1879 ; 4 févr. 1887 ; 8 août 1895.)*

94. — Ou, s'il n'indiquait pas exactement la parcelle pour laquelle il réclame une mutation de cote. *(C. d'Et. 19 déc. 1861.)*

95. — Ou encore, s'il se bornait à mentionner les noms des propriétaires actuels sans désignation précise des parcelles qui auraient été acquises par chacun d'eux. *(C. d'Et. 24 mars 1899.)*

96. — Mais, le réclamant qui n'a pas indiqué le propriétaire actuel devant le Conseil de préfecture est recevable à le faire devant le Conseil d'Etat, qui peut suivant les circonstances, soit prononcer immédiatement la mutation de cote, soit renvoyer les parties devant le Conseil de préfecture. *(C. d'Et. 7 janv. 1859 ; 7 mars 1890 ; 14 févr. 1891 ; 4 mars 1898.)*

97. — Quand le Conseil de préfecture est appelé à prononcer une mutation de cote, il est nécessaire de mettre en cause le propriétaire, au nom duquel la cote doit être transférée ; si cette mise en cause n'a pas eu lieu, l'arrêté doit être annulé et l'affaire renvoyée devant le Conseil de préfecture. *(C. d'Et. 23 mars 1873 ; 20 juill. 1894 ; 26 juill. 1895 ; 20 nov. 1897 ; 18 févr. 1898.)*

98. — Mais, lorsqu'il est établi par l'instruction que la parcelle imposée au nom d'un particulier appartient à un tiers, et que celui-ci, appelé à contredire le rapport des agents des contributions directes, n'a fourni aucune observation, il y a lieu pour la juridiction contentieuse de prononcer la mutation de cote. *(C. d'Et. 28 nov. 1902.)*

99. — Le Conseil de préfecture ne peut, du reste, ordonner la mutation de cote que si les parties sont d'accord sur la propriété ou si le litige en cas de contestation, a été tranché par l'autorité compétente. *(C. d'Et. 26 janv. 1870.)*

100. — La communication au tiers du rapport fait par le directeur sur la réclamation consitue une mise en cause suffisante. *(C. d'Et. 27 févr. 1892.)*

101. — Si la réclamation soulève une question de propriété, le Conseil de préfecture, en règle générale, doit surseoir à la mutation jusqu'à ce qu'il ait été statué par l'autorité judiciaire. *(C. d'Et. 9 mai 1860 ; 7 nov. 1873 ; 19 mai 1882 ; 7 déc. 1894 ; 22 nov. 1895.)*

§ 5. — AU NOM DE QUI LA MUTATION PEUT ÊTRE PRONONCÉE

102. — La mutation de cote ne peut être valablement opérée qu'au nom du véritable débiteur de l'impôt, c'est-à-dire au nom de celui qui était propriétaire de l'immeuble au 1er janvier, dans le cas où cet impôt est à la charge de l'habitant, ou qui y habitait s'il s'agit de l'impôt des portes et fenêtres.

103. — Le Conseil d'Etat a décidé que la mutation de cote ne pouvait être prononcée au nom d'un individu qui n'est venu s'installer dans une commune qu'après le 1er janvier. *(C. d'Et. 7 janv. 1859; 3 mai 1878.)*

104. — Si l'immeuble construit sur un terrain loué doit, à l'expiration du bail, rester au propriétaire du terrain sans aucune indemnité, la mutation de cote doit être prononcée au nom du propriétaire du terrain. *(C. d'Et. 23 avr. 1898; 3 avr. 1903.)*

105. — La contribution foncière né peut être mise par voie de mutation de cote au nom du locataire, et le propriétaire n'est pas fondé à demander cette mutation, même quand la contribution, d'après les clauses du bail, est supportée par le locataire, sauf, bien entendu, son recours contre ce dernier. *(C. d'Et. 3 juin 1852.)*

CHAPITRE III

Exemptions temporaires.

§ 1er. Généralités.
§ 2. Semis et plantations de bois.
§ 3. Plantations et replantations de vignes.
§ 4. Habitations à bon marché.
§ 5. Constructions nouvelles, reconstructions et additions
de constructions.

§ 1er. — GÉNÉRALITÉS

106. — L'exemption temporaire de tout ou partie de l'impôt foncier peut être réclamée pour semis ou plantation de bois, et pour plantation et replantation de vignes dans les arrondissements déclarés atteints par le phylloxera. *(L. 3 frim., an VII, art. 116; Code forestier, art. 226; L. 1er déc. 1887, art. 1er.)*

107. — L'exemption temporaire des contributions foncière (propriétés bâties) et des portes et fenêtres peut être réclamée pour les maisons nouvellement construites ayant le caractère légal d'habitation à bon marché. *(L. 30 nov. 1894, art. 9.)*

108. — Enfin, l'exemption temporaire de la contribution foncière des propriétés bâties peut être demandée pour les constructions nouvelles, les reconstructions et les additions de constructions. *(L. 3 frim., an VII, art. 88; L. 18 août 1890, art. 9.)*

§ 2. — SEMIS ET PLANTATIONS DE BOIS

109. — Aux termes de l'art. 2 de la loi du 18 juin 1859, les semis et plantations de bois sur le sommet et le penchant des montagnes, sur les dunes et dans les landes, sont exempts de tout impôt pendant trente ans.

110. — D'autre part, aux termes de l'art. 3 de la loi du 29 mars 1897, modifiant l'art. 116 de la loi du 3 frim., an VII, le revenu imposable de tout terrain défriché, qui sera ultérieurement planté ou semé en bois, sera réduit des trois quarts pendant les trente premières années de la plantation ou du semis, quelle qu'ait été la nature de culture du terrain avant le défrichement.

111. — Il résulte de ces textes que le dégrèvement accordé est total, s'il s'agit de plantations ou semis sur le sommet ou le penchant des montagnes, sur les dunes et dans les landes ; il est simplement partiel, s'il s'agit de plantations ou semis sur des terrains de plaines ou de collines peu élevées. *(C. d'Et. 4 juill. 1891; 10 nov. et 29 déc. 1894; 10 mai 1895.)*

112. — Pour jouir de ces avantages, le propriétaire devra, aux termes de l'art. 15 de la loi du 17 juillet 1895, former une réclamation dès l'année qui suivra l'exécution des travaux et dans les trois mois de la publication du rôle, sous peine de déchéance.

113. — Cette réclamation, de la compétence de la juridiction contentieuse, sera présentée, instruite et jugée comme les demandes en décharge ou en réduction se rapportant à la contribution foncière des propriétés non bâties.

§ 3. — PLANTATIONS ET REPLANTATIONS DE VIGNES

114. — Aux termes de l'art. 1er de la loi du 1er déc. 1887, les plantations et replantations de vignes, dans les arrondissements atteints par le phylloxera, jouissent pendant quatre ans de l'exonération de l'impôt foncier.

115. — Bénéficient des dispositions spécifiées à l'article précédent, aux termes du décret du 21 juin 1892, art. 1er, les vignes constituées ou reconstituées au moyen des porte-greffes tout aussi bien que les vignes plantées ou replantées en producteurs directs.

116. — Toutefois, les terrains plantés de pieds de vignes dits pieds-mères, dont les bois sont coupés chaque année et utilisés comme porte-greffes, n'ont pas droit à l'exemption temporaire de l'impôt foncier accordée aux vignes constituées ou reconstituées dans les arrondissements déclarés atteints par le phylloxera au moyen, soit de porte-greffes, soit de producteurs directs. *(C. d'Et. 24 juil. 1902.)*

117. — Pour profiter de ces bénéfices le contribuable aura à se conformer aux prescriptions des articles ci-après du décret du 2 mai 1888 :

« ARTICLE PREMIER. — Tout contribuable qui veut jouir de l'exemption temporaire d'impôt foncier édictée par la loi du 1ᵉʳ déc. 1887, doit adresser à la préfecture pour l'arrondissement chef-lieu et à la sous-préfecture pour les autres arrondissements, une déclaration contenant l'indication exacte des terrains par lui nouvellement plantés ou replantés en vignes.

« ART. 2. — Les déclarations sont établies sur des formules imprimées tenues dans toutes les mairies à la disposition des intéressés.

ART. 3. — L'exemption spécifiée à l'art. 1ᵉʳ de la loi du 1ᵉʳ déc. 1887 est acquise à partir du 1ᵉʳ janvier de l'année qui suit celle pendant laquelle la plantation ou la replantation a été effectuée.

« ART. 4. — Les terrains qui sont exploités à la fois en vigne et en autres natures de culture ne sont appelés à jouir de l'exemption de l'impôt que pour la portion de revenu cadastral afférent à la vigne.

« ART. 5. — A l'égard des vignes nouvellement plantées ou replantées pour être greffées sur place, le point de départ de l'exemption est déterminé, non par le fait de la plantation ou de la replantation des ceps, mais par le fait du greffage.

« ART. 6. — Les déclarations doivent être effectuées au plus tard dans les trois mois de la publication du rôle de l'année où l'exemption est ac-

quise aux termes des articles 3 et 5. Les déclarations qui seraient faites après expiration de ce
délai ne donnent droit à l'exemption que pour les
années restant à courir du 1er janvier de l'année
suivante au 31 décembre de celle au cours de laquelle les plants ou greffes compteront quatre années d'existence.

« ART. 8. — Les déclarations n'ont pas besoin
d'être renouvelées annuellement. Toute parcelle
plantée ou replantée en vigne, qui a été reconnue
avoir droit à une exemption temporaire d'impôt
foncier, continue à en jouir nonobstant toute mutation.

« ART. 12. — Les contribuables dont les déclarations n'ont pas été accueillies en tout ou partie,
en sont avisés par le directeur des contributions
directes qui les prévient en même temps qu'un
délai d'un mois leur est imparti, à peine de
déchéance, pour réclamer de ce chef contre leur
cotisation dans les formes prescrites par l'art. 28
de la loi du 21 avril 1832. Ces réclamations sont
instruites et jugées conformément aux art. 29 § 2
et 30 de la loi du 21 avril 1832 et 5 de la loi du
29 décembre 1884. »

§ 4. — HABITATIONS A BON MARCHÉ

118. — Aux termes de l'art. 9 § 1er et 2 de la loi
du 30 nov. 1894, sont, pendant cinq ans, à partir de
l'achèvement de la construction, exemptées de l'im-

pôt foncier et de celui des portes et fenêtres, les maisons à bon marché destinées à la classe laborieuse pourvu que, d'après l'art. 5 de la dite loi, leur revenu net imposable à la contribution foncière, déterminé conformément à la loi du 8 août 1890, ne dépasse pas de plus d'un dixième :

90 francs dans les communes au-dessous de 1.000 habitants ;

150 francs dans celles de 1.001 à 5.000 habitants ;

170 francs dans celles de 5.001 à 30.000 habitants ;

220 francs dans celles de 30.001 à 200.000 et dans celles qui sont situées dans un rayon de 40 kilomètres autour de Paris ;

300 francs dans les communes de 200.001 habitants et au-dessus ;

Enfin 375 francs à Paris.

119. — Ces immunités d'impôts sont, aux termes de l'art. 50 du décret du 21 sept. 1895 portant règlement d'administration publique pour l'exécution de la loi du 30 nov. 1894, exclusivement applicables aux maisons dont le revenu net imposable à la contribution foncière n'excédera pas les limites fixées par l'art. 5 de cette loi, c'est-à-dire dont la valeur locative augmentée des charges incombant au propriétaire et mises, par le bail, au compte du locataire, ne comportera pas pour l'intégralité de ces maisons, ou pour chacun des logements les composant et destinés à être loués séparément des chiffres supérieurs à ceux indiqués ci-dessous :

Dans les communes de 1.000 habtants et au-
dessous, 132 francs ;

Dans celles de 1.001 à 5.000 habitants, 220 fr. ;

Dans celles de 5.001 à 30.000 habitants, 250 fr. ;

Dans celles de 30.001 à 200.000 habitants et dans
celles qui sont situées dans un rayon de 40 kilomètres autour de Paris, 323 francs ;

Dans les communes de 200.001 habitants et au-
dessus, 440 francs ;

Enfin à Paris, 550 francs.

120. — Pour être admis à jouir du bénéfice de
la loi du 30 nov. 1894, on devra produire dans les
formes et les délais fixés par l'art. 9 § 3 de la loi
du 8 août 1890, une demande qui sera instruite et
jugée comme les réclamations pour décharge ou
réduction de contributions directes. Cette demande
pourra être formée dans la déclaration exigée par
le même article de la dite loi, dans les quatre mois
de l'ouverture des travaux, de tout propriétaire
ayant l'intention d'élever une construction passible de l'impôt foncier. *(L. 30 nov. 1894, art. 9, § 3.)*

121. — La demande d'exonération temporaire
doit contenir la déclaration que la maison qui en
fait l'objet est destinée à être occupée par une
personne n'étant propriétaire d'aucune maison.
(Décret 21 sept. 1895, art. 55.)

122. — Les sociétés qui ont pour objet la construction et la vente des maisons auxquelles s'appliquent les dispositions de la loi du 30 nov. 1894,
sont admises au bénéfice de ces exonérations, sous

réserve de différentes prescriptions spécifiées par les articles 11 § 2 de la loi précitée et 9 du décret du 21 sept. 1895.

123. — Il a été décidé que les sociétés commerciales ordinaires, qui font construire, pour leurs ouvriers ou employés, des maisons à bon marché dont le revenu ne dépasse pas le chiffre fixé par l'art. 5 de la loi du 30 nov. 1894, ont droit à l'exemption temporaire prévue par cette loi, sans être obligées de se conformer aux prescriptions des articles 11 § 2 de la loi précitée et 9 du décret du 21 sept. 1895, et qu'en conséquence elles ne sont pas tenues de soumettre leurs statuts à l'approbation du ministre et de limiter leurs dividendes à un maximum ; ces dispositions ne s'appliquent qu'aux sociétés ayant pour objet exclusif la construction de maisons à bon marché. *(C. d'Et. 13 janv. 1899).*

124. — Le propriétaire d'habitations à bon marché n'a droit à l'exemption temporaire de l'impôt foncier et de l'impôt des portes et fenêtres accordée par l'article 9 de la loi du 30 nov. 1894, qu'autant que, dans les quatre mois, à partir de l'ouverture des travaux, il a fait une demande en exonération, dans laquelle il déclare que les maisons sont dest'nées à être occupées par des personnes n'étant propriétaires d'aucune maison. *(C. d'Et. 4 nov. 1901.)*

125. — Il n'y a pas lieu à décharge en conséquence lorsque le propriétaire, en déclarant qu'il faisait construire des maisons, n'avait pas fait cette déclaration et n'avait fait aucune demande d'exonération d'impôt. (*C. d'Et. 4 nov. 1901.*)

126. — Mais, l'article 9 § 3 de la loi du 30 nov. 1894, n'exigeant que la production, dans les formes et délais fixés par l'article 9 § 3 de la loi du 8 août 1890, d'une demande qui sera instruite et jugée comme les réclamations pour décharge ou réduction, lorsque la déclaration indique la nature des bâtiments nouvellement construits, leur destination et la désignation des terrains sur lesquels ils sont construits, elle donne à l'administration toutes les indications nécessaires pour l'instruction de la demande et le propriétaire n'est tenu d'aucune formalité spéciale, notamment d'une déclaration réclamant le bénéfice de la loi de 1894. (*C. d'Et. 31 janv. 1902.*)

127. — La valeur locative qui doit servir à reconnaître si une habitation a droit à l'exemption temporaire de l'impôt foncier et de l'impôt des portes et fenêtres accordée aux habitations à bon marché par l'article 5 de la loi du 30 nov. 1894, doit être déterminée d'après le bail de la dite maison. (*C. d'Et. 30 mai 1902.*)

§ 5. — CONSTRUCTIONS NOUVELLES, RECONSTRUCTIONS ET ADDITIONS DE CONSTRUCTIONS

128. — La loi du 8 août 1890, tout en maintenant pour les propriétés nouvellement construites ou reconstruites l'exemption, pendant deux ans, de l'impôt foncier accordée par la loi du 3 frim. an VII, art. 88, la fait dépendre d'une déclaration à faire à la mairie du lieu où sera érigée la construction, dans les quatre mois à partir de l'ouverture des travaux.

129. — L'art. 9 et les trois premiers paragraphes de l'art. 10 de cette loi sont ainsi conçus :

« ART. 9. — Les constructions nouvelles, les reconstructions et les additions de constructions seront imposées par comparaison avec les autres propriétés bâties de la commune où elles seront situées.

« Elles ne seront soumises à la contribution foncière que la troisième année après leur achèvement.

« Pour jouir de l'exemption temporaire spécifiée au deuxième paragraphe du présent article, le propriétaire devra faire à la mairie de la commune où sera élevé le bâtiment passible de la contribution, et dans les quatre mois à partir de l'ouverture des travaux, une déclaration indiquant la nature du bâtiment, sa destination et la désignation, d'après les documents cadastraux, du terrain sur lequel il doit être construit.

« Sont considérées comme constructions nouvelles la conversion d'un bâtiment rural en maison ou en usine et l'affectation de terrains à des usages commerciaux ou industriels dans les conditions indiquées à l'article 1er de la loi du 29 déc. 1884.

« ART. 10. — Les constructions nouvelles, les reconstructions et les additions de constructions, non déclarées ou déclarées après l'expiration du délai fixé par l'article précédent, seront soumises à la contribution foncière à partir du 1er janvier de l'année qui suivra celle de leur achèvement.

« Elles seront imposées au moyen de rôles particuliers, tant à la contribution foncière qu'à celle des portes et fenêtres, jusqu'à ce qu'elles aient été comprises dans les rôles généraux.

« Leurs cotisations, tant en principal qu'en centimes additionnels, seront égales à celles que supporteront pour l'année en cours les immeubles de même nature et de même importance ; mais elles seront multipliées par le nombre d'années écoulées entre celle où les constructions nouvelles, les reconstructions et les additions de constructions auront été achevées et celle où elles auront été découvertes, y compris cette dernière année, sans toutefois pouvoir être plus que quintuplées. »

130. — Ainsi qu'il résulte de son texte de l'art. 9 § 2, la loi du 8 août 1890 ne vise en matière de constructions nouvelles, reconstructions et additions de constructions que l'impôt foncier des propriétés bâties. Celui des portes et fenêtres est exigible dès le 1er janvier qui suit l'achèvement des travaux.

131. — Le contribuable ne serait donc pas fondé à demander l'exemption de la contribution des portes et fenêtres se rapportant à des constructions nouvelles, reconstructions ou additions de constructions.

132. — Il n'y a pas lieu non plus à exonération

de l'impôt foncier afférent aux terrains sur lesquels doivent s'ériger les constructions.

133. — Il est à remarquer qu'aux termes de l'article 10 § 3 de la loi du 8 août 1890, les constructions nouvelles, les reconstructions et les additions de constructions seront imposables, en cas d'omission pouvant résulter de la non déclaration prévue à l'art. 9 de la dite loi, non seulement pour l'année pendant laquelle aura été constaté l'oubli, mais encore pour les quatre années antérieures, s'il y a lieu, en raison de la date de l'achèvement des travaux.

134. — Les constructions nouvelles non déclarées conformément à l'article 9 de la loi précitée, étant imposables à partir du 1er janvier qui suit leur achèvement, le propriétaire ne serait pas fondé à invoquer son ignorance de cette disposition de la loi pour demander décharge de la contribution à laquelle, en l'absence de la déclaration prescrite, il a été régulièrement imposé. *(C. d'Et. 17 mars 1894.)*

135. — Si le propriétaire fait sa déclaration après le délai indiqué, il est déchu de l'immunité, puisque la déclaration est la condition de l'octroi de l'exemption. *(C. d'Et. 17 mars 1894 ; 8 août 1895; 31 janv. 1896 ; 12 nov. et 18 déc. 1897.)*

136. — Le propriétaire qui n'a pas fait en temps utile cette déclaration, ne peut se prévaloir, pour réclamer le bénéfice de l'exemption, de ce qu'il avait expressément chargé de remplir la dite formalité un tiers auquel serait imputable l'absence de déclaration. *(C. d'Et. 12 mars 1897.)*

137. — Lorsqu'un propriétaire a fait à la mairie la déclaration d'une construction nouvelle, mais que le secrétaire de la mairie n'a pas inscrit sa déclaration sur le registre tenu à cet effet, cette omission qui n'est pas imputable au contribuable ne peut avoir pour effet de lui faire perdre le bénéfice de l'exemption temporaire d'impôt à laquelle il a droit. *(C. d'Et. 28 janv. 1901.)*

138. — Le contribuable qui n'a pas déclaré ses constructions dans le délai de quatre mois, prévu par la loi de 1890, ne peut se prévaloir, pour échapper à la déchéance : De ce qu'il aurait adressé diverses demandes, étrangères d'ailleurs à ses contributions, à la préfecture, à la mairie et au bureau d'enregistrement. *(C. d'Et. 15 juin et 17 déc. 1898.)*

139. — Ni de ce qu'il aurait formulé une demande d'alignement en vue de la construction de son immeuble, une pareille demande ne pouvant être considérée comme ayant satisfait aux prescriptions de l'art. 9 de la loi du 8 août 1890. *(C. d'Et. 25 janv. 1896 ; 20 mai 1898.)*

140. — Ni de ce qu'il n'a acquis l'immeuble que postérieurement à l'expiration du délai pendant lequel la déclaration aurait dû être faite. *(C. d'Et. 27 juin 1901.)*

141. — L'immeuble dont la construction n'est pas achevée au 1er janvier de l'année de l'imposition et qui à cette date n'est pas encore habitable, doit être exempté. *(C. d'Et. 6 mars 1895.)*

142. — Les bâtiments démolis et reconstruits ne peuvent être imposés que deux années après que la reconstruction en a été terminée, le terrain restant pendant ce temps cotisé comme il l'était auparavant. *(C. d'Et. 13 janv. 1814.)*

143. — L'exemption accordée pendant deux ans, en cas de construction ou reconstruction, part de l'entier achèvement des travaux pour rendre les lieux habitables.

144. — Ainsi, il a été décidé qu'il ne suffit pas que la bâtisse d'une maison soit terminée, les appartements distribués, les fenêtres posées, s'il reste encore des travaux intérieurs à faire pour rendre cette maison habitable. *(C. d'Et. 18 avr. 1840.)*

145. — Il a été décidé aussi qu'une maison nouvellement construite doit être réputée en cours de construction et non habitable, lorsque les murs sont restés à l'état de crépissage, que les soliveaux son bruts et de grosseur inégale, que les divisions des chambres en appartements ne sont pas encore faites, que les cloisons n'ont pas été posées, quelque longue qu'ait été la durée de sa construction et bien que le rez-de-chaussée soit complètement terminé. *(C. d'Et. 24 juin 1840.)*

146. — Il a été également jugé, qu'une maison en construction ne peut être considérée comme achevée et, par conséquent, comme imposable, lorsque le propriétaire l'a laissée sans plafond, sans carrelage, sans lambris et sans peintures, encore qu'il ait placé un écriteau de mise en location et qu'il n'ait suspendu l'achèvement des travaux que pour les faire terminer au gré des locataires. *(C. d'Et. 23 déc. 1843.)*

147. — Mais une maison doit être considérée comme achevée, lorsqu'elle peut être utilisée, bien que l'aménagement intérieur ne soit pas entièrement terminé. *(C. d'Et. 21 mai 1892.)*

148. — Il a été décidé aussi que l'exemption d'une maison d'habitation pouvait courir séparément, pour chaque partie de la maison, à partir de l'année dans laquelle cette partie a été terminée et occupée. *(C. d'Et. 5 avr. 1889.)*

149. — Ou pour chaque étage du jour où cet étage a été terminé. *(17 févr. 1853 ; 5 févr. 1875.)*

150. — Bien qu'un bâtiment ne soit pas terminé, lorsque le rez-de-chaussée est habitable et habité, depuis de nombreuses années, cette partie du bâtiment est passible de l'impôt foncier. *(C. d'Et. 26 oct. 1895.)*

151. — Les modifications ne consistant que dans la réfection de la toiture d'une maison et en travaux de réparations ne sauraient être assimilées à des constructions nouvelles bénéficiant de l'exemption d'impôt. *(C. d'Et. 10 mai 1890.)*

152. — Il en est de même des travaux de réparations intérieures ayant pour objet de rendre habitables des locaux disposés précédemment pour un usage industriel. *(C. d'Et. 18 févr. 1898.)*

153. — Les réparations intérieures exécutées

dans une maison ne peuvent être considérées comme constituant une construction nouvelle donnant lieu à augmentation de la valeur locative sur laquelle est calculé l'impôt foncier. *(C. d'Et. 23 nov. 1895 ; 13 mars 1896 ; 9 avr. 1897.)*

154. — Des réparations et embellissements intérieurs ne peuvent être considérés comme des additions de construction et, par suite, ne peuvent donner lieu pendant le cours de la période décennale à un rehaussement de la valeur locative telle qu'elle a été fixée au moment des évaluations. *(C. d'Et. 24 févr. 1900.)*

155. — Des travaux de réfection intérieure ne constituent pas des constructions nouvelles, et dès lors, ne peuvent être imposés par voie de rôle particulier. *(C. d'Et. 2 déc. 1898.)*

156. — En cas de reconstruction partielle, la valeur locative de la partie reconstruite doit être, pendant deux ans, déduite du chiffre de la valeur locative de l'ensemble de la maison. *(C. d'Et. 4 mai 1894 ; 18 janv. 1895.)*

157. — L'exemption s'étend à toutes les additions de construction, c'est-à-dire à tout agrandissement de construction, qu'il s'agisse d'élargissement ou d'exhaussement, mais elle n'est applicable qu'au nouvel étage. *(C. d'Et. 22 déc. 1894.)*

158. — L'installation de machines ne peut, pendant deux années, donner lieu à un relèvement de la valeur locative. *(C. d'Et. 9 mai 1896; 24 févr. 1899.)*

CHAPITRE IV

Cessions et fermetures d'établissements.

§ 1er. Cessions d'établissements : transfert de patente et de
billard : 1° *généralités ; 2° qualité pour demander
le transfert ; 3° conditions nécessaires pour qu'il
y ait lieu à transfert.*
§ 2. Fermetures d'établissements : 1° *décès ; 2° faillite
ou liquidation judiciaire.*

§ 1er. — CESSIONS D'ÉTABLISSEMENTS : TRANSFERT
DE PATENTE ET DE BILLARD

1° *Généralités.*

159. — En cas de cession d'établissement, la
patente sera, sur la demande du cédant ou du
cessionnaire, transférée à ce dernier. La demande
sera recevable dans le délai de trois mois, à partir
soit de la cession de l'établissement, soit de la
publication du rôle supplémentaire dans lequel le
cessionnaire aura été personnellement imposé
pour l'établissement cédé. La mutation de cote
sera réglée par le préfet, et les droits qui formeraient double emploi au préjudice du cessionnaire
seront alloués en décharge par le conseil de préfecture. *(L. 15 juill. 1880, art. 28, § 2.)*

160. — D'autre part, en cas de cession d'établissement, le transfert des droits de patente au nom du cessionnaire pourra être proposé par le contrôleur des contributions directes sur un état spécial. Le cédant et le cessionnaire seront invités à prendre connaissance de cet état à la mairie et à remettre au maire leurs observations dans un délai de dix jours. Passé ce délai, le maire adressera l'état au directeur des contributions directes, avec son avis et les observations qui auront pu être produites ; le directeur fera son rapport, et le préfet statuera. Toutefois, il n'y aura pas lieu à statuer s'il existe un désaccord entre les conclusions du directeur et les observations présentées par le cédant ou le cessionnaire. *(L. 8 juill. 1890, art. 29.)*

161. — En ce qui concerne la taxe sur les billards, l'art. 2, § 3 du décret du 27 décembre 1871 portant règlement d'administration publique pour l'exécution des art. 8 et 10 de la loi du 16 sept. 1871, relatifs à la taxe sur les billards, décide qu'en cas de cession d'un établissement, la taxe afférente aux billards qui s'y trouvent est transférée au successeur, si le cédant en fait la demande.

2° *Qualité pour demander le transfert.*

162. — Avant la loi de 1844, en cas de cession du fonds de commerce, la patente étant personnelle au cédant, restait due par lui et ne pouvait être transférée au cessionnaire, lequel, de son côté, était inscrit sur les rôles supplémentaires, de sorte que le même fonds pouvait donner lieu, pendant le même exercice, à une double imposition. Le cédant n'avait d'autre ressource que de solliciter la faveur de l'administration. *(D. J. g. pat. 403.)*

163. — L'art. 23 de la loi du 25 avril 1844 autorisa, en cas de cession d'établissement, le cédant à demander le transfert de sa patente, au nom de son successeur ; mais le cédant seul avait cette faculté. *(D. J. g. s. pat. 780.)*

164. — L'art. 28 de la loi du 15 juillet 1880 confère le même droit au cessionnaire, de sorte que le transfert peut aujourd'hui être indifféremment demandé par l'un ou par l'autre.

165. — Enfin, l'art. 29 de la loi du 28 août 1890 a autorisé l'administration à opérer le transfert d'office après avis donné aux intéressés et lorsqu'il n'y a pas de désaccord entre eux.

166. — Mais malgré l'extension qu'a ainsi reçue le droit de demander le transfert, il ne saurait être étendu à un tiers, et notamment au propriétaire qui n'a pas été personnellement l'objet de poursuites en paiement de la patente imposée à son locataire. Ce propriétaire ne peut se prévaloir de ce qu'en fait il en a acquitté le montant pour demander le transfert de ladite patente au nom du cessionnaire de l'établissement. *(C. d'Et. 22 janv. 1886.)*

3° *Conditions nécessaires pour qu'il y ait lieu à transfert.*

167. — Pour qu'il y ait lieu à transfert, il faut qu'il y ait à la fois cession et cessation de commerce, faute de quoi le transfert ne saurait être ordonné.

168. — Ainsi lorsqu'il y a simplement, au cours de l'année, cession par le patentable du droit à la jouissance des locaux dans lesquels il exerçait son industrie, sans qu'il y ait en même temps cession de l'établissement industriel à un tiers qui exerçait déjà la même profession dans la ville, il n'y a pas lieu à transfert de la patente. *(C. d'Et. 19 juill. 1854.)*

169. — Alors même qu'il y aurait de la part du cédant cessation de commerce. *(C. d'Et. 31 janv. 1855.)*

170. — Il n'y a pas non plus lieu à transfert lorsque la cession du commerce est le résultat de la fin du bail avec un tiers exerçant la même industrie, si d'ailleurs il n'y a eu aucune cession de clientèle ou d'établissement de la part du locataire sortant. *(D. J. g. s. pat. 783.)*

171. — Un cafetier qui cesse l'exercice de sa profession en cours d'année par suite de l'expiration de son bail et vend, en vertu d'une clause de ce bail, une partie des provisions en magasin au nouveau propriétaire des locaux qu'il occupait, n'est pas fondé à demander le transfert au nom de ce dernier des douzièmes restant dus de sa contribution des patentes. *(C. d'Et. 26 févr. 1898.)*

172. — L'adjudicataire d'une fourniture de fourrages ou le fermier des droits de places, ayant cessé sa profession en cours d'année par suite de l'expiration de son marché, n'est pas fondé à demander le transfert de sa patente au nom de son successeur pour les mois qui suivent la cessation de sa profession. *(C. d'Et. 23 janv. 1885 ; 22 déc. 1894 ; 10 janv. 1896.)*

173. — Quand une profession cesse en cours d'année par suite de l'expiration du bail, l'imposition est due pour l'année entière, encore bien qu'un nouveau locataire ait repris l'exercice de la même profession dans le même local, en vertu d'un nouveau bail, et ait racheté le solde des marchandises de l'ancien locataire. *(C. d'Et. 11 mars 1898.)*

174. — Celui qui a acquis un établissement industriel, non en vertu d'une cession à l'amiable, mais par adjudication, après liquidation judiciaire, ne peut être considéré comme un cessionnaire dans le sens de l'article 28 de la loi du 15 juillet 1880 ; par suite, il n'a le droit de demander, ni le transfert à son nom de la patente du précédent exploitant, ni la décharge des douzièmes qui font double emploi avec ceux qui ont été payés par ses prédécesseurs. *(C. d'Et. 13 nov. 1897 ; 5 mai 1899.)*

175. — Mais la vente, par adjudication, d'une brasserie, de la clientèle et des marchandises dépendant d'une succession, a le caractère d'une cession d'établissement, et le cessionnaire a droit au transfert de la patente. *(C. d'Et. 17 déc. 1900.)*

176. — Le cédant est privé de la faculté de demander le transfert de sa patente au nom du cessionnaire et doit payer pour l'année entière, lorsque le cessionnaire, déjà porté pour une patente égale, au rôle de la commune, ne peut pas être utilement inscrit à son lieu et place. *(C. d'Et. 1er juin 1850.)*

177. — Un patentable qui cède, en cours d'année, son établissement à un individu déjà imposé en la même qualité, n'a le droit de demander le transfert de sa patente que pour la différence en plus existant entre les droits auxquels le cessionnaire était imposé et ceux dont il est passible à raison de l'acquisition du fonds du cédant. *(C. d'Et. 19 juin 1896.)*

178. — Lorsqu'un patentable a cédé son établissement à un tiers qui l'exploite dans des conditions donnant lieu à un droit moins élevé, le transfert de la patente au cessionnaire ne doit s'opérer que pour le droit afférent à la profession telle qu'il l'exerce, la différence restant à la charge du cédant. *(C. d'Et. 23 nov. 1894.)*

179. — Si d'une part, la demande en transfert de patente, en cas de cession dans le cours d'une année, est soumise à différentes conditions, ainsi qu'il résulte des arrêts cités ci-dessus, d'autre part, cette demande en transfert est la seule voie ouverte au contribuable pour obtenir décharge de sa cote.

180. — Ainsi le patentable qui, ayant cédé son établissement en cours d'exercice, a négligé de faire transférer sa patente à son successeur, n'est pas fondé à présenter une demande en décharge pour les douzièmes correspondant à ceux payés par son successeur en vertu d'une imposition personnelle à un rôle supplémentaire. *(C. d'Et. 17 mai 1854.)*

181. — Toutefois, dans le cas où la cession est antérieure au 1er janvier, le droit imposé au cédant est mal établi et il n'a qu'à en demander décharge, en se fondant sur ce qu'il n'exerce plus sa profession, sans avoir à mettre en cause le cessionnaire. S'il ne forme pas sa demande en temps utile, il encourt la déchéance aussi légalement que tout autre contribuable qui a négligé d'exercer ses droits en temps opportun. *(C. d'Et. 11 mai 1888 ; 7 mai 1897.)*

§ 2. — FERMETURES D'ÉTABLISSEMENTS

1° Décès.

182. — En cas de fermeture d'un établissement par suite de décès, de liquidation judiciaire ou de faillite déclarée, les intéressés peuvent réclamer la décharge de la patente pour les mois restant à courir. *(L. 15 juill. 1880, art. 28, et 8 août 1890, art. 30.)*

183. — Sous la loi de l'an VII, il n'y avait lieu à aucune réduction ni restitution pour cause de cessation de commerce, même en cas de décès du patenté. La loi du 13 flor. an X, art. 26, apporta un adoucissement à cette rigueur et décida que la cote des citoyens qui viendraient à décéder ne serait exigible que pour le passé et le mois courant. *(D. J. g. pat. 403.)*

184. — Aux termes de l'art. 23, § 3, de la loi du 25 avr. 1844 (aujourd'hui de l'art. 28, § 3, de la loi du 15 juill. 1880), qui a maintenu le principe de la loi précitée du 13 flor. an X, le décès d'un patentable dans le cours d'une année donne ouverture à la décharge de la patente, qui n'est plus due que pour le temps déjà écoulé et le mois courant. Mais cette décharge n'est accordée qu'autant qu'il y a cessation du commerce du défunt. *(D. J. g. pat. 413.)*

185. — Le décès ne peut être une cause de décharge qu'autant qu'il s'agit du décès du contribuable inscrit au rôle ; le décès d'un parent, d'un employé, etc., ne saurait avoir le même effet, alors même que le concours du défunt était indispensable au patentable et que sa mort l'obligerait à cesser son commerce. *(D. J. g. s. pat. 812.)*

186. — Jugé dans ce sens que la décharge devait être refusée à un boulanger motivant sa demande sur ce que sa femme, décédée, faisait seule le pain. *(C. d'Et. 4 mars 1881.)*

187. — Décidé également, que la décharge ne devait pas être accordée à un patenté très âgé et dont la femme et le fils étaient décédés. *(C. d'Et. 25 mai 1892.)*

188. — La veuve d'un patentable qui s'est bornée à liquider les affaires de son mari, sans continuer pour son compte l'exercice de sa profession, est fondée à demander décharge des douzièmes échus depuis la fermeture de ses magasins. *(C. d'Et. 27 juin 1873 ; 4 janv. 1895.)*

189. — Lorsque le décès est survenu avant la fin de l'année, la veuve qui s'est bornée à liquider les affaires de son mari, pendant une partie de l'année suivante, peut obtenir décharge de la patente pour l'année entière. *(D. J. g. S. pat. 810.)*

190. — Jugé dans ce sens en faveur de la veuve d'un fabricant de briques, alors que toute fabrication avait cessé depuis le décès de son mari et qu'elle s'était bornée, pendant une partie de l'année, à vendre des briques fabriquées existant en magasin. *(C. d'Et. 19 mars 1886.)*

191. — Mais il en serait autrement, s'il y avait eu, après le commencement de l'année suivante, continuation de la profession ; la veuve serait alors tenue d'acquitter, pour cette année tout entière, la contribution des patentes inscrites au nom de son mari. *(V. not. C. d'Et. 22 juin 1836 ; 15 mars 1844 ; 17 mai 1850 ; 20 juin 1855.)*

192. — Si après le décès, les héritiers trouvant un héritage obéré, ou pour tout autre motif, venaient à continuer les opérations du défunt, pour arriver à une liquidation moins onéreuse, ils n'auraient plus droit à la décharge. *(D. J. g. pat. 414.)*

193. — De même, le décès ne peut donner lieu à décharge, ni à réduction, s'il est survenu après la cessation de la profession : il faut que cette cessation ait eu le décès pour seule cause. *(D. J. g. S. pat. 813.)*

194. — Ainsi, les héritiers d'un contribuable ne peuvent réclamer la décharge de la patente, lorsque la mort de l'assujetti est postérieure à la cessation de son commerce. *(C. d'Et. 28 nov. 1855; 23 fév. 1877 ; 18 déc. 1885.)*

2° *Faillite ou liquidation judiciaire.*

195. — L'article 23, § 3 de la loi du 25 avril 1844 (aujourd'hui l'art. 28, § 3 de la loi du 15 juill. 1880), a admis un nouveau droit de dégrèvement, c'est celui qui résulte de la déclaration de faillite, droit analogue à celui que les lois précédentes accordaient pour le cas de décès. *(D. J. g. pat. 410.)*

196. — Et cet art. 28, § 3, de la loi du 15 juill. 1880, a été modifié par l'art. 30 de la loi du 8 août 1890, pour établir l'harmonie entre son texte et la législation nouvelle en matière de faillite, résultant de la loi du 4 mars 1889, qui a créé l'état de liquidation judiciaire.

197. — Ainsi, en cas de fermeture des établissements, magasins, boutiques et ateliers, par suite de décès, de liquidation judiciaire ou de faillite déclarée, les droits ne seront dus que pour le passé et le mois courant. Sur la réclamation des parties intéressées, il sera accordé décharge du surplus de la taxe. *(L. 8 août 1890, art. 30.)*

198. — Si la loi du 15 juillet 1880 exige qu'il y ait faillite déclarée, il faut, d'après l'esprit de la loi de 1890, qu'il y ait liquidation judiciaire prononcée. Il faut encore qu'il y ait fermeture des magasins, boutiques et ateliers, en un mot cessation de la profession imposable ; car s'il y avait vente, il y aurait produit et dès lors matière imposable. Or, la loi n'autorise la décharge que s'il y a cessation complète de l'industrie. *(D. J. g. pat. 411 et D. J. g. S. pat. 805.)*

199. — Ainsi, il n'y a pas lieu à décharge en matière de liquidation judiciaire, dans le cas où le commerçant n'est pas dessaisi, reste à la tête de ses affaires, les gère avec l'assistance d'un liquidateur et peut continuer à exploiter son établissement, si celui-ci n'est pas fermé. *(C. d'Et. 9 mai 1891.)*

200. — Cependant, si l'ouverture des magasins n'a été maintenue que pour liquider les marchandises qui s'y trouvaient au moment de la déclaration de faillite, il y a lieu de prononcer la décharge des douzièmes afférents aux mois qui ont suivi celui de la fermeture définitive des magasins. *(C. d'Et. 24 mars 1859 ; 13 févr. 1874 ; 7 déc. 1894.)*

201. — Lorsque, deux mois après la déclaration de faillite, les ventes des marchandises ont été opérées exclusivement aux enchères publiques, le magasin ne doit être considéré comme fermé qu'à partir du moment où ces ventes ont été terminées, et ce n'est qu'à partir du mois qui suit cette époque que la décharge de la patente doit être accordée. *(C. d'Et. 10 juill. 1902.)*

202. — En cas de fermeture d'un établissement

par suite de faillite déclarée, la patente n'est due que pour les mois écoulés et le mois courant, et tout intéressé peut demander décharge du surplus de la taxe. *(C. d'Et. 1ᵉʳ juin 1900.)*

203. — Le propriétaire ayant fait saisir et vendre les meubles de son locataire et n'ayant pu être désintéressé parce que le commissaire-priseur a versé au percepteur, en vertu du privilège accordé au Trésor par la loi du 12 nov. 1808, la totalité de la patente, est un intéressé dans le sens de l'art. 28 de la loi du 15 juillet 1880 ; il est recevable et fondé à demander, par la voie contentieuse, décharge de la patente de son locataire pour les mois postérieurs à la fermeture du magasin qui a suivi la déclaration de faillite. *(C. d'Et. 1ᵉʳ juin 1900.)*

CHAPITRE V

Responsabilité des propriétaires et principaux locataires.

§ 1er. Généralités : A. *Impôt personnel-mobilier* ; B. *Impôt des patentes.*
§ 2. Etendue de la responsabilité.
§ 3. A qui incombe la responsabilité.
§ 4. Déménagement normal.
§ 5. Déménagement furtif.
§ 6. Responsabilité des logeurs en garni.

§ 1er. — GÉNÉRALITÉS

204. — D'après l'art. 9 de l'instruction générale sur les réclamations du 29 janvier 1898, les propriétaires et principaux locataires, mis en demeure d'acquitter, comme en étant responsables, les impôts personnel-mobilier et des patentes établis au nom de leurs locataires, peuvent contester cette responsabilité par voie de réclamation.

205. — Les articles 22 et 23 de la loi du 21 avril 1832, 30 de la loi du 15 juillet 1880, 14 de la loi du 19 avril 1905 et 4 de la loi du 19 juillet 1906, imposent aux propriétaires et principaux locataires des obligations dont l'inexécution engage leur responsabilité, en matière d'impôts personnel-mobilier et des patentes dus par leurs locataires.

1° *Impôt personnel-mobilier.*

206. — Les propriétaires et, à leur place, les principaux locataires, devront, un mois avant l'époque du déménagement de leurs locataires, se faire représenter par ces derniers les quittances de leur contribution personnelle-mobilière. Lorsque les locataires ne représenteront point ces quittances, les propriétaires et principaux locataires seront tenus, sous leur responsabilité personnelle, de donner, dans les trois jours, avis du déménagement au percepteur. *(L. 21 avr. 1832, art. 22, § 2.)*

207. — Dans le cas de déménagement furtif, les propriétaires et, à leur place, les principaux locataires, deviendront responsables des termes échus de la contribution de leurs locataires, s'ils n'ont pas donné avis de ce déménagement au percepteur dans les huit jours à compter du déménagement même. *(L. 21 avr. 1832, art. 23, § 1ᵉʳ, et L. 19 juill. 1906, art. 4.)*

208. — Dans tous les cas, et nonobstant toutes déclarations de leur part, les propriétaires et principaux locataires demeureront responsables de la contribution des personnes logées par eux en garni. *(L. 21 avr. 1832, art. 23, § 2.)*

2° *Impôt des patentes.*

209. — Les propriétaires et, à leur place, les principaux locataires, qui n'auront pas, un mois avant le terme fixé par le bail, ou par les conventions verbales, donné avis au percepteur du déménagement de leurs locataires, seront responsables des sommes dues par ceux-ci pour la contribution des patentes. *(L. 15 juill. 1880, art. 30, § 2.)*

210. — Dans le cas où ce terme serait devancé comme dans le cas de déménagement furtif, les propriétaires et, à leur place, les principaux locataires, deviendront responsables de la contribution de leurs locataires, s'ils n'ont pas, dans les huit jours, donné avis du déménagement au percepteur. *(L. 15 juill. 1880, art. 30, § 3, et L. 19 avr. 1905, art. 14.)*

211. — La part de la contribution laissée à la charge des propriétaires ou principaux locataires par les paragraphes précédents comprend seulement le dernier douzième échu et le douzième courant dus par le patentable. *(L. 15 juill. 1880, art. 30, § 4.)*

§ 2. — ÉTENDUE DE LA RESPONSABILITÉ

212. — Les articles 22 et 23 de la loi du 21 avril 1832 n'avaient établi la responsabilité des propriétaires pour les impôts dus par leurs locataires, qu'en ce qui concerne la contribution personnelle-mobilière, sans l'étendre à la contribution des patentes.

213. — Mais l'art. 30 de la loi du 15 juillet 1880, reproduisant l'art. 25 de la loi de 1844, a fait disparaître cette différence et a étendu la responsabilité du propriétaire ou principal locataire à l'impôt des patentes.

214. — Cette responsabilité ne s'applique toutefois qu'à la contribution personnelle-mobilière et à l'impôt des patentes, à l'exclusion de la contribution foncière, de l'impôt des portes et fenêtres et des taxes assimilées.

215. — De plus, les dispositions des articles 22 et 23 de la loi du 21 avril 1832 visent exclusivement les propriétaires de maisons et ne sauraient être étendues aux propriétaires de biens ruraux en ce qui concerne la contribution personnelle-mobilière de leurs fermiers, en cas de sortie de la ferme, soit par expiration de bail, soit par déménagement furtif. *(Com. Durieu, t. I*er*, p. 310.)*

216. — En matière de contribution personnelle-mobilière, le propriétaire ou principal locataire est responsable s'il n'a pas donné, dans le délai légal, avis au percepteur du déménagement de son locataire, mais sa responsabilité est limitée aux douzièmes échus, lors du déménagement, quand le locataire déménage dans le ressort de la perception, c'est-à-dire dans une des communes composant la perception. *(C. d'Et. 9 juill. 1886 ; 25 nov. 1898 ; 13 janv. 1899.)*

217. — Sa responsabilité s'étendrait à la totalité de la cote si le locataire déménageait hors du ressort de la perception, parce que dans ce cas, aux termes mêmes de l'art. 22, § 1er de la loi du 21 avril 1832, la cote personnelle-mobilière est exigible immédiatement pour l'année entière.

218. — De plus, la responsabilité du propriétaire ou principal locataire, en cas de déménagement de son locataire non déclaré régulièremnt au percepteur, n'est pas limitée aux contributions de l'année, mais s'étend aussi aux contributions des années antérieures à partir de l'année où a commencé la location. *(C. d'Et. 6 déc. 1895 ; 2 avr. 1897.)*

219. — En matière de patente, les termes mêmes du dernier paragraphe de l'art. 30 de la loi du 15 juillet 1880 indiquent clairement la part de la responsabilité imposée aux propriétaires ou principaux locataires. Cette responsabilité est limitée à deux douzièmes : le douzième échu et le douzième courant. Le mot douzième signifie un mois d'impôt ; la cote comprise dans un rôle supplémentaire pour moins de douze mois doit donc être divisée en autant de parties qu'il y a de mois auxquels s'applique la taxe, et deux de ces divisions forment le maximum de la responsabilité du propriétaire.

220. — S'il y a eu dans l'année deux déménagements successifs, le propriétaire du second logement n'est pas fondé à se prévaloir, pour soutenir qu'il n'est pas responsable du dernier douzième échu et du douzième en cours lors du déménagement furtif, de ce que le propriétaire du premier logement aurait acquitté de son côté le douzième échu et le douzième en cours à l'époque où le patentable avait quitté ce logement. *(C. d'Et. 10 fév. 1894.)*

221. — La responsabilité du propriétaire qui n'a pas notifié régulièrement au percepteur le déménagement d'un locataire n'est pas limitée à l'année courante, elle s'étend aux années antérieures. Mais l'intéressé qui a omis de déclarer au percepteur le déménagement de son locataire, n'étant responsable que du dernier douzième échu et du douzième courant, lorsque, à la date du déménagement, le rôle n'avait pas encore été mis en recouvrement, le propriétaire n'est responsable que du dernier terme de l'année précédente, dernier terme seul exigible. *(C. d'Et. 28 janv. 1899.)*

§ 3. — A QUI INCOMBE LA RESPONSABILITÉ

222. — Les articles 22 et 23 de la loi du 21 avril 1832 et 30 de la loi du 15 juillet 1880, imposent les mêmes obligations au propriétaire et principal locataire.

223. — Que faut-il entendre par principal locataire? la loi ne l'a pas défini ; mais on désigne en général sous cette dénomination l'individu qui a pris à bail une maison entière, ou du moins un corps de logis, qu'il sous-loue ensuite par partie à différents locataires. Dans ces conditions, un locataire supplée véritablement le propriétaire, il en exerce tous les droits à l'égard des sous-locataires ; il touche les loyers ; au fond, il administre la maison. De même que le propriétaire, il est en position d'empêcher la sortie des meubles, dont il se trouve de fait, et dans son intérêt personnel, constitué gardien ; il est donc juste que l'obligation de la loi du 21 avril lui soit imposée ainsi qu'elle l'est au propriétaire. *(Com. Durieu, t. I*er*, p. 310.)*

224. — La loi n'a pas établi de solidarité entre le propriétaire et le principal locataire pour les obligations résultant des articles 22 et 23 de la loi du 21 avril 1832 et 30 de la loi du 15 juillet 1880. Cette non-solidarité résulte des termes mêmes de la disposition de ces deux lois. En effet, si on se reporte aux textes de ces articles, on y remarque ces mots : « les propriétaires et, à leur place, les principaux locataires ». Ces mots : « à leur place » paraissent indiquer une dévolution réelle de l'obligation du propriétaire au principal locataire, lorsqu'il en existe un, et cette responsabilité dégage entièrement celle du propriétaire. *(C. Durieu, t. I*er*, p. 312.)*

225. — Le Conseil d'Etat avait autrefois déclaré responsable des contributions dues par l'occupant du local, l'individu exclusivement dont cet occupant tenait ses droits. *(C. d'Et. 7 juill. 1882 ; 11 janv. 1889 ; 27 mai 1892.)*

226. — Mais, revenant sur cette jurisprudence, il a décidé qu'un propriétaire est tenu de déclarer le déménagement d'un sous-locataire, alors qu'en fait, il recevait directement des mains de celui-ci le paiement des termes du loyer et qu'il avait même consenti la résiliation du bail passé par lui. *(C. d'Et. 8 juill. 1899.)*

227. — Il a encore décidé qu'il n'y a pas lieu

de considérer comme un principal locataire, au sens de l'article 30 de la loi du 15 juillet 1880, celui qui, locataire seulement d'un magasin formant dépendance d'un immeuble, a sous-loué ledit magasin, et il a droit, en conséquence, à la décharge de la contrainte en garantie s'il a été mis en cause par le percepteur pour défaut de déclaration du déménagement du sous-locataire. *(C. d'Et. 21 oct. 1901.)*

228. — Dans un autre arrêt rendu par le Conseil d'Etat statuant au contentieux, la Haute Assemblée fixe définitivement la jurisprudence sur l'interprétation qu'il convient de donner à l'art. 22 de la loi du 21 avr. 1832.

En disposant, dans son article 22, que les principaux locataires devront, au lieu et place des propriétaires, un mois avant l'époque du déménagement des locataires, se faire représenter, par ces derniers, les quittances de leur contribution personnelle-mobilière, faute de quoi ils seront tenus, sous leur responsabilité personnelle, de donner avis, dans les trois jours, du déménagement au percepteur, la loi du 21 avril 1832 a visé exclusivement ceux qui, ayant pris à bail un immeuble susceptible d'être divisé, en sous-louent les parties. Ces dispositions ne s'appliquent donc pas au locataire particulier, que des convenances personnelles amènent à céder son lieu et place à un nouvel occupant, et c'est à tort que le percepteur prétend exercer un recours en garantie contre ce locataire particulier, en cas de déménagement non déclaré de la personne à qui il a cédé sa location. *(C. d'Et. 13 mars 1903.)*

229. — Le Conseil d'Etat a enfin décidé dans le même sens, et plus récemment encore, qu'il n'y a pas lieu de considérer comme un locataire principal, le locataire particulier que des convenances personnelles amènent à céder son lieu et place à un nouvel occupant ; cette qualité de locataire principal appartient à celui qui a pris à bail un immeuble susceptible d'être divisé pour en sous-louer les parties. A défaut d'un principal locataire, le propriétaire est, dès lors qu'il n'a pas déclaré au percepteur le déménagement, responsable des contributions dues par tout locataire. *(C. d'Et. 7 mars 1906.)*

§ 4. — DÉMÉNAGEMENT NORMAL

230. — En matière de contribution personnelle-mobilière, les propriétaires ou principaux locataires doivent, aux termes du paragraphe 2 de l'art. 22 de la loi du 21 avril 1832, un mois avant l'époque du déménagement de leurs locataires, s'assurer qu'ils ont payé leurs contributions ; si les locataires ne présentent pas leurs quittances, ils sont tenus, sous leur responsabilité personnelle, de donner, dans les trois jours, avis du déménagement au percepteur. *(D. J. g. imp. dir. 225.)*

231. — D'après un arrêté du conseil de préfecture de la Seine, en date du 12 juin 1901, et divers arrêts du Conseil d'Etat, le propriétaire qui expulse son locataire n'est pas tenu d'en donner avis au percepteur comme s'il s'agissait d'un déménagement véritable. *(C. d'Et. 23 fév. 1889 ; 2 août et 31 oct. 1890.)*

231 bis. — Mais, plus récemment, le Conseil d'Etat s'est prononcé dans le sens contraire et a décidé que le propriétaire qui fait expulser son locataire doit également donner avis au percepteur du déménagement qui a été la conséquence de cette expulsion ; l'art. 22 de la loi du 21 avr. 1832 n'établissant aucune distinction, le déménagement, quelle qu'en soit la cause, engage, dans tous les cas, la responsabilité du propriétaire. *(C. d'Et. 26 nov. 1902.)*

232. — Il a été jugé que le propriétaire ou principal locataire est tenu de donner au percepteur avis du déménagement de son locataire, quel que soit le lieu où celui-ci va habiter. *(C. d'Et. 25 nov. 1898 ; 13 janv. 1899.)*

233. — En matière de patente, les propriétaires ou principaux locataires doivent, aux termes de l'art. 30 de la loi du 15 juill. 1880, § 2, donner avis au percepteur du déménagement de leurs locataires un mois avant le terme fixé par le bail ou par les conventions verbales, sous peine de devenir responsables des sommes dues par les locataires.

234. — Est valable, la déclaration de déménagement faite par un propriétaire, plus d'un mois avant le déménagement de son locataire, alors surtout qu'il n'a pas été annoncé pour une date antérieure à celle à laquelle il a eu lieu. La déclaration reste valable, même si elle intervient avant l'émission du rôle comprenant la cote du locataire. *(C. d'Et. 24 mars 1899.)*

235. — Un propriétaire qui n'a point prévenu le percepteur du déménagement de son locataire, un mois avant le terme fixé par le bail ou par les conventions verbales, est, à bon droit, déclaré responsable des douzièmes de la contribution des patentes de son locataire restés impayés au moment du déménagement. *(C. d'Et. 10 févr. 1894 ; 9 nov. 1895.)*

236. — Un percepteur ne peut être tenu de vérifier l'exactitude des déclarations de déménagement qui lui sont faites, et c'est au locataire, poursuivi pour la totalité de ses contributions, à démontrer que la déclaration le concernant est erronnée. *(Trib. civil de la Seine, 1er déc. 1902.)*

§ 5. — DÉMÉNAGEMENT FURTIF

237. — Aux termes de l'art. 23 de la loi du 21 avril 1832, le propriétaire ou principal locataire était tenu, en matière de contribution personnelle-mobilière, de faire constater, dans un délai de trois jours, le déménagement furtif de ses locataires par le maire, le juge de paix ou le commissaire de police ; s'il ne l'avait fait qu'après ce délai, il était responsable. *(C. d'Et. 16 mars 1895.)*

238. — L'art. 4 de la loi du 19 juillet 1906 a modifié ces dispositions. Depuis le 1ᵉʳ janvier 1907, les propriétaires et principaux locataires n'ont plus à faire constater les déménagements furtifs de leurs locataires ; ils doivent simplement en donner avis au percepteur. De plus, le délai pour cette déclaration est fixé à huit jours.

239. — En cas de déménagement furtif, le délai de huit jours accordé au propriétaire ou principal locataire pour le déclarer au percepteur et dégager ainsi sa responsabilité à l'égard du Trésor, court du jour même du déménagement et non de celui où le fait a été connu du propriétaire ou du principal locataire. *(C. d'Et. 9 juill. 1886 ; 7 nov. 1900.)*

240. — Lorsqu'un contribuable a habité successivement, pendant la même année, chez deux propriétaires différents dont les immeubles sont situés dans deux circonscriptions différentes de perception, qu'il a déménagé de son premier logement et quitté plus tard le second furtivement, sans avoir payé les douzièmes échus de sa contribution personnelle-mobilière, la contrainte décernée contre le second propriétaire doit être maintenue, et cela même pour les termes échus, alors que le contribuable habitait chez le premier propriétaire, si ni l'un ni l'autre n'a fait la déclaration du déménagement du locataire. *(C. d'Et. 10 févr. 1894 ; 13 janv. 1899.)*

241. — Décidé également que, lorsqu'un contribuable qui a successivement habité, pendant la même année, deux immeubles situés dans deux communes dépendant de la même perception, a quitté son second logement furtivement pour aller habiter hors de la perception, sans avoir payé les douzièmes échus de la contribution personnelle-mobilière à laquelle il avait été régulièrement imposé dans la première commune, le second propriétaire est responsable de la totalité de la contribution imposée dans la première commune, s'il n'a pas fait la déclaration de déménagement dans le délai légal, alors même que le premier propriétaire aurait aussi négligé de déclarer le premier déménagement. *(C. d'Et. 13 janv. 1899.)*

242. — En matière de patente, dans le cas où le terme fixé par le bail ou par les conventions verbales est avancé et en cas de déménagement furtif, avis doit être donné au percepteur, dans les trois jours du déménagement, aux termes du paragraphe 3 de l'art. 30 de la loi du 15 juillet 1880.

243. — L'art. 14 de la loi du 19 avril 1905 a modifié ces dispositions en portant de trois à huit jours le délai dans lequel l'avis du déménagement furtif ou anticipé doit être donné au percepteur.

§ 6. — RESPONSABILITÉ DES LOGEURS EN GARNI

244. — Après avoir déterminé les règles de la garantie imposée aux propriétaires et principaux locataires, en cas de déménagement de leurs locataires et sous-locataires, la loi du 21 avril 1832 les soumet, par le deuxième paragraphe de l'art. 23, à une responsabilité particulière pour la contribution des personnes qu'ils logeraient en garni. Cette responsabilité est absolue; elle n'est subordonnée à aucune condition et ne serait pas dégagée par la déclaration au percepteur du déménagement ordinaire ou anticipé. Il suffit que le fait du logement en garni soit établi pour que la responsabilité fût encourue lors même qu'il n'y aurait pas de déménagement. *(Com. Durieu, t. 1ᵉʳ, p. 340.)*

244 bis. — Aux termes de l'art. 23 de la loi du 21 avr. 1832, un locataire principal est responsable, nonobstant toute déclaration, de l'impôt mobilier d'un locataire à qui il avait loué un appartement meublé et qui a déménagé sans payer cet impôt. *(C. d'Et. 28 juin 1901.)*

245. — L'étendue de cette responsabilité est la même que celle qui, dans les autres cas dont il est parlé ci-dessus, retombe sur les propriétaires et principaux locataires. Ainsi les conséquences des articles 22 et 23 de la loi du 21 avril 1832 doivent recevoir ici leur application, soit en ce qui concerne la responsabilité respective du propriétaire et du principal locataire, soit en ce qui touche à la désignation de la nature et des termes de la contribution sur laquelle porte la garantie. *(Com. Durieu, t. 1ᵉʳ, p. 340.)*

246. — Il a été jugé cependant que cette responsabilité ne pouvait s'étendre au cas où le logement est fourni gratuitement par un contribuable à son père ou à son frère. *(C. d'Et. 7 nov. 1884 ; 14 mars 1891.)*

CHAPITRE VI

Remise et modération.

§ 1er. Caractères généraux.
§ 2. Propriétés non bâties.
§ 3. Propriétés bâties ; portes et fenêtres.
§ 4. Motifs divers se rapportant à différentes contributions.
§ 5. Compétence.
§ 6. Procédure, formes et délais de présentation.

§ 1er. — CARACTÈRES GÉNÉRAUX

247. — Les demandes en remise ou en modération ont pour but de solliciter une faveur dont le motif réside dans des circonstances particulières à chaque contribuable et qui, sans être de nature à créer en sa faveur un droit au dégrèvement, appellent cependant la sollicitude de l'administration. (*D. J. g., S. pat. 777.*)

248. — Cette catégorie de demande tend à obtenir des dégrèvements soit de la totalité, soit d'une partie de cotes régulièrement imposées, mais que les contribuables sont dans l'impossibilité de payer, par suite d'événements calamiteux ou accidentels, ou d'une mauvaise situation de fortune.

249. — D'une manière générale doivent être classées dans cette catégorie de demandes toutes celles qui ne sont pas basées sur une violation du droit, mais sur des considérations d'équité à raison de pertes, d'accidents ou de gêne.

250. — Appartenant essentiellement à la juridiction gracieuse des préfets, ces demandes ne sauraient donner lieu à aucun recours contentieux et les cas dans lesquels elles peuvent être accordées ne sont limités par aucun texte. *(D. J. g., S. pat. 777.)*

§ 2. — PROPRIÉTÉS NON BATIES

251. — Dans le cas de perte, totale ou partielle, du revenu des propriétés non bâties, par suite d'événements extraordinaires, tels que grêle, gelée, inondation, incendie, etc., les propriétaires sont recevables à demander la remise ou la modération de leur impôt de l'année. *(L. 15 sept. 1807, art. 37.)*

252. — Ils peuvent exceptionnellement renouveler ces demandes, si l'événement survenu a étendu ses effets à l'année ou aux années suivantes. *(Déc. min. 7 juin 1880, bois de la Sologne.)*

253. — Aux termes de l'art. 37 de la loi du 15 sept. 1807, les propriétaires compris dans les rôles des propriétés non bâties qui, par des grêles, gelées, inondations ou autres intempéries, perdent la totalité ou une partie de leur revenu, peuvent se pourvoir en remise totale ou en modération partielle de leur cote de l'année, dans laquelle ils ont éprouvé cette perte; ils peuvent même, aux termes de la décision ministérielle du 7 juin 1880, renouveler leur demande si l'événement survenu a étendu ses effets à plusieurs années.

254. — Les dispositions qui précèdent sont applicables aux ravages causés par le phylloxera, l'oïdium, le mildew et le blackrot.

255. — Ainsi, une demande en dégrèvement fondée sur ce que des vignes ont été phylloxérées, et ne produisent aucun revenu, a le caractère d'une demande en remise et par suite n'est pas de la compétence de la juridiction contentieuse. *(C. d'Et. 26 juill. 1895.)*

256. — De même, la demande en dégrèvement de la contribution foncière des propriétés non bâties exclusivement basée sur des pertes de récoltes et sur l'impossibilité d'exploiter les parcelles qui font l'objet de l'imposition, constitue une demande en remise relevant de la juridiction gracieuse du préfet. *(C. d'Et. 1er avr. 1898.)*

257. — Lorsque des fléaux naturels se sont étendus sur une partie notable de la commune, la demande en remise ou modération peut être collective et présentée par le maire dans l'intérêt de ses administrés.

258. — Enfin, la loi du 21 juillet 1897 a créé pour la contribution foncière des propriétés non bâties, une catégorie nouvelle de demandes en remise ou modération, dont un décret du 4 décembre 1897 a réglementé la procédure spéciale.

259. — L'art. 1er de cette loi est ainsi conçu : « Les remises suivantes seront accordée sur la contribution foncière des propriétés non bâties (part de l'Etat) : cotes de 10 francs et au-dessous, uniques ou totalisées, remise totale ; cotes de 10 fr. 01 à 15 francs, uniques ou totalisées, remise des trois quarts ; cotes de 15 fr. 01 à 20 francs, uniques ou totalisées, remise de moitié ; cotes de 20 fr. 01 à 25 francs, uniques ou totalisées, remise d'un quart. Ces remises sont accordées aux contribuables français qui en font la demande en affirmant : 1° qu'ils ne sont pas inscrits aux rôles de la dite contribution pour d'autres cotes ; 2° que la part revenant à l'Etat sur la contribution personnelle mobilière à laquelle ils sont assujettis dans leurs diverses résidences ne dépasse pas 20 francs. »

260. — Les contribuables qui désirent bénéficier de ce dégrèvement doivent rédiger leur déclaration sur une feuille imprimée qui leur est délivrée gratuitement dans chaque mairie, ou dans chaque bureau de perception ; ils sont tenus d'y joindre les avertissements concernant leurs cotes foncières et leurs cotes mobilières.

261. — Cette déclaration doit être remise au maire ou au percepteur et ne peut être présentée plus d'un mois après la publication du dernier rôle dans lequel figure le déclarant, soit pour la contribution foncière, soit pour la contribution mobilière.

262. — Les propriétaires assujettis à raison des habitations meublées qu'ils peuvent avoir dans diverses résidences, à une contribution personnelle mobilière n'excédant pas 20 francs (part de l'Etat), n'ont pas à renouveler leur déclaration lorsque leur situation contributive, en ce qui concerne l'impôt foncier, ne s'est pas modifiée depuis la précédente déclaration. Le dégrèvement qu'ils ont obtenu l'année antérieure leur est alloué d'office.

263. — Les dégrèvements accordés aux contribuables dans les petites cotes foncières par l'article 1er de la loi du 21 juillet 1897, doivent, aux termes mêmes de cette loi, être considérés comme des remises sur lesquelles les préfets statuent, sauf recours au ministre des finances, par application de l'arrêté du gouvernement du 24 flor. an VIII, et en conséquence le propriétaire n'est pas recevable à porter sa demande devant le Conseil d'Etat par la voie contentieuse. *(C. d'Et. 6 nov. et 2 déc. 1901.)*

§ 3. — PROPRIÉTÉS BATIES. PORTES ET FENÊTRES

264. — Les contribuables sont admis à se pourvoir en modération en cas d'incendie ou de destruction, en cours d'année, de leur maison ou usine, ou de démolition, même volontaire, de ces bâtiments. *(Inst. min. 29 janv. 1898, art. 13, § 1er.)*

265. — Aussi constitue une demande en remise une réclamation dans laquelle un contribuable sollicite la remise partielle de ses impositions à raison de l'incendie de sa maison. *(C. d'Et. 13 mai 1898.)*

266. — Ou à raison du dommage qu'a fait éprouver au requérant un incendie qui a détruit le chantier de bois qu'il exploitait. *(C. d'Et. 15 mai 1896 ; 13 mai 1898.)*

267. — La démolition d'une maison durant le cours d'un exercice pour lequel elle a été imposée à la contribution foncière, donne lieu à une demande en remise ou modération d'impôt et non à une demande en décharge ou réduction. *(C. d'Et. 22 juin 1848 ; 1ᵉʳ déc. 1849 ; 18 mai 1858 ; 14 nov. 1873 ; 9 nov. 1877.)*

268. — Mais il est dû décharge de la contribution foncière et de la contribution des portes et fenêtres, si l'immeuble a été démoli avant le 1ᵉʳ janvier et non reconstruit. *(C. d'Et. 29 déc. 1894 ; 21 mars 1896.)*

269. — Aux termes de l'art. 35 de la loi du 8 août 1885, donnent lieu à remise ou modération des impôts foncier et des portes et fenêtres, les vacances de maisons ou de partie de maisons lorsque la durée totale de l'inoccupation a été d'une année au moins, pour les maisons, et d'un trimestre pour le chômage des usines. *(C. d'Et. 23 nov. 1894 ; 10 et 17 déc. 1897.)*

270. — Pour la contribution des portes et fenêtres, il suffit que la vacance ou le chômage ait été d'un trimestre. *(Circ. cont. dir. 30 sept. 1885, n° 674.)*

271. — Dans le cas de la prolongation de la vacance ou du chômage au-delà du temps ci-dessus indiqué, le droit au dégrèvement est acquis en principe pour cette prolongation, même si elle est inférieure à douze mois ou à trois mois. *(Inst. min. 29 janv. 1898, art. 80, § 3.)*

§ 4. — MOTIFS DIVERS SE RAPPORTANT A DIFFÉRENTES CONTRIBUTIONS

272. — Les contribuables peuvent également solliciter le dégrèvement à titre gracieux de tout ou partie de leur cotisation pour cause d'indigence ou de gêne. *(Inst. min. 26 prair., an VIII.)*

273. — Ainsi, constituent des demandes en remise ou modération de cote :

La demande motivée sur le défaut de travail ou l'état de gêne du contribuable. *(C. d'Et. 25 janv. 1851)* ;

La demande fondée sur l'âge, la situation de fortune et les charges de famille. *(C. d'Et. 28 mai 1897)* ;

La demande basée sur des infirmités du contribuable. *(C. d'Et. 12 févr. 1897)* ;

La demande fondée sur l'indigence. *(C. d'Et. 27 avr. 1854 ; 31 oct. 1896)* ;

La demande motivée sur la modicité des ressources du réclamant. *(C. d'Et. 10 févr. 1894 ; 16 mars et 29 nov. 1895 ; 7 mars 1896)* ;

La demande basée sur des pertes de bestiaux, lorsque ces pertes proviennent d'une épizootie générale. *(C. d'Et. 19 déc. 1860 ; 7 févr. 1890 ; 30 janv. 1892)* ;

La demande basée sur le peu d'importance de la profession. *(C. d'Et. 30 nov. 1850 ; 1er févr. 1896)* ;

La demande appuyée sur la modicité des bénéfices. *(C. d'Et. 23 avr. 1862 ; 27 oct. 1893 ; 20 janv.,*

5 mai, 30 juin et 22 déc. 1894 ; 8 mars et 7 déc. 1895 ; 28 mai 1897) ;

La demande enfin fondée sur la diminution du chiffre des affaires et les infirmités invoquées. *(C. d'Et. 14 mars 1896.)*

274. — Une demande tendant à obtenir la suspension des poursuites exercées pour le recouvrement de la contribution des patentes, fondée sur une insuffisance de ressources, constitue une demande en remise ou en modération de la compétence du préfet et non de celle du Conseil de préfecture. *(C. d'Et. 21 déc. 1894.)*

275. — Si la lettre d'avis adressée au réclamant pour lui notifier la décision qui rejette cette demande, indique, par erreur, que c'est le Conseil de préfecture qui a statué et l'invite à transmettre une requête au Conseil d'Etat, au cas où il le jugerait à propos, cette indication erronée ne saurait changer la nature de la demande ; l'arrêté du préfet statuant sur la demande n'est pas susceptible de recours devant le Conseil d'Etat par la voie contentieuse ; dès lors la requête n'est pas recevable. *(C. d'Et. 21 déc. 1894; 19 mars 1898.)*

§ 5. — COMPÉTENCE

276. — D'après l'art. 28 de l'arrêté du 24 floréal, an VIII, toutes les demandes en remise ou modétion sont de la compétence des préfets sauf recours au ministre des finances.

277. — Par application de cet article, il a été fréquemment jugé que c'est au préfet seul, et non au Conseil de préfecture, qu'il appartient de statuer sur une demande en remise ou modération de contributions, notamment en matière de patentes. *(V. not. C. d'Et. 18 oct. 1832 ; 8 avr. 1842 ; 24 juin 1846 ; 28 janv. 1899.)*

278. — De même, c'est au préfet à statuer sur une demande en remise de la contribution des portes et fenêtres fondée, soit sur ce qu'une maison n'a pas été louée ou habitée ; soit sur ce que quelques étages d'une maison n'ont pas été loués ; soit enfin sur ce que des magasins sont restés vacants. *(V. not. C. d'Et. 18 août 1833 ; 29 août 1834 ; 9 janv. 1839 ; 13 avr. 1853 ; 19 juill. 1854 ; 22 avr. 1857 ; 13 déc. 1889 ; 11 nov. 1892 ; 25 mai et 22 nov. 1894.)*

279. — En cas de vacance d'un immeuble, comme l'arrêté du 24 floréal an VIII n'a pas déterminé d'une manière précise les cas qui pourraient autoriser la remise ou la modération des droits, il appartient au préfet d'apprécier les circonstances qui rendent la demande admissible. *(D. J. g. pat. 400 ; C. d'Et. 9 et 23 mai 1896.)*

280. — La demande en remise ou modération formée par un contribuable imposé dans deux communes, à l'occasion de son changement de domicile, doit être adressée au préfet du lieu de l'ancien domicile. *(C. d'Et. 10 juill. 1833.)*

281. — Les décisions rendues par le préfet en matière de demandes en remise ou modération ne peuvent être attaquées que devant le ministre des finances. *(V. not. C. d'Et. 23 févr. 1841 ; 25 janv. 1851 ; 5 janv. 1858 ; 2 févr. 1895 ; 13 mars 1897; 21 janv. 1898.)*

282. — En conséquence, tout recours au contentieux, contre un arrêté du préfet rejetant une demande en remise ou modération de cote est non recevable. *(V. not. C. d'Et. 1ᵉʳ août 1834 ; 30 juin 1839 ; 14 juill. 1841 ; 18 janv. 1895; 19 juin 1896; 12 nov. 1897 ; 24 déc. 1898.)*

§ 6. — PROCÉDURE, FORMES ET DÉLAIS DE PRÉSENTATION

283. — Les demandes en remise ou modération ne relevant que de la juridiction gracieuse des préfets et du ministre des finances, la procédure de ces demandes a été réglée uniquement par des circulaires ministérielles, notamment par celle du 29 janvier 1898.

284. — Lorsqu'un contribuable, par des événements extraordinaires, a éprouvé des pertes, il adresse sa pétition au préfet, ou au sous-préfet pour les arrondissements sous-préfectures.

285. — L'article 24 de l'arrêté du 24 floréal an VIII, n'imposant pas l'obligation du timbre pour les demandes en remise ou modération, on peut en conclure que cette demande peut, en général, être rédigée sur papier libre. Toutefois les demandes pour vacance de maisons ou chômage d'usines sont passibles du timbre lorsque la cote est supérieure à 30 francs. *(D. J. g. pat. 401, Inst. 30 janv. 1892, art. 21.)*

286. — L'instruction ministérielle du 29 janvier 1898 détermine, dans ses articles 48 à 52, les délais dans lesquels on doit faire valoir des demandes en remise ou en modération.

287. — Ainsi, la perte de la matière imposable doit être signalée dans les quinze jours qui suivent l'événement ; la perte de récoltes, au plus tard quinze jours avant l'époque de l'enlèvement de ces récoltes ; les démolitions en cours d'année, dans les quinze jours de l'achèvement de la démolition ; les vacances de maisons ou chômages d'usines, dans les quinze jours qui suivent, soit la cessation de cette vacance ou de ce chômage, soit l'expiration des différentes périodes (trois mois ou une année) pour lesquelles, suivant la nature de la contribution ou de la propriété, le dégrèvement est susceptible d'être obtenu.

288. — Ces délais sont de rigueur et il n'appartient qu'au ministre de relever de la déchéance. *(Circ. min. 5 juin 1841.)*

289. — Par contre les demandes en remise ou modération de cote pour cause d'indigence, de gêne ou d'infirmités, etc., peuvent être formées à toute époque.

DEUXIÈME PARTIE

Des différentes questions de forme des réclamations.

CHAPITRE PREMIER

Forme des réclamations.

§ 1er. Exposé, signature, caractère de la demande.
§ 2. Réclamation individuelle.
§ 3. Dépôt de la demande.
§ 4. Timbre.
§ 5. Quittance des termes échus.

§ 1er. — EXPOSÉ, SIGNATURE, CARACTÈRE DE LA
DEMANDE

290. — Toute réclamation mentionnera, à peine de non recevabilité, la contribution à laquelle elle s'applique et, à défaut de la production de l'avertissement, le numéro de l'article du rôle sous lequel figure cette contribution ; elle contiendra indépendamment de l'indication de son objet, l'exposé sommaire des moyens par lesquels son auteur prétend la justifier. *(L. 13 juill. 1903, art. 17, § 2.)*

291. — Il sera formé une demande distincte pour chaque commune. *(L. 11 déc. 1902, art. 6, § 3, et L. 13 juill. 1903, art. 17, § 3.)*

292. — Les demandes entachées d'un des vices de forme prévus aux deux paragraphes précédents seront, avant toute instruction au fond, déposées à la préfecture ou à la sous-préfecture, conformément aux prescriptions de l'art. 29 de la loi du 21 avril 1832 ; les intéressés seront avisés en même temps qu'ils sont admis à les régulariser par la simple production des pièces ou indications dont l'absence aurait été constatée. La régularisation pourra valablement être faite dans les dix jours qui suivront la réception de cet avis et dans tous les cas, jusqu'à l'expiration des délais fixés pour la présentation des réclamations. *(L. 13 juill. 1903, art. 17, § 4.)*

293. — Est non recevable, la réclamation non accompagnée de l'avertissement de la contribution contestée ou de l'indication de l'article du rôle sur lequel elle figure, si elle n'est pas régularisée dans les dix jours du dépôt du dossier. *(C. d'Et. 18 mai 1904 ; 10 févr. 1905.)*

294. — Lorsqu'une réclamation n'aura pas été jugée dans les six mois qui suivront sa présentation, le contribuable aura la faculté, dans la limite du dégrèvement sollicité par lui, de différer le paiement des termes qui viendront à échoir sur la contribution contestée, à la condition d'avoir préalablement, dans sa demande, manifesté cette intention et fixé le montant ou les bases du dégrèvement auquel il prétend. *(L. 11 déc. 1902, art. 6, § 5, et L. 13 juill. 1903, art. 17, § 7.)*

294 bis. — Ce texte innove à trois points de vue : 1° il n'accorde la faculté de sursis qu'à ceux qui, dans leur réclamation même, ont manifesté l'intention d'en faire usage et fixé le montant ou les bases du dégrèvement sollicité ; 2° il élève de 3 à 6 mois le délai passé lequel le contribuable peut réclamer le bénéfice du sursis ; 3° il limite, dans tous les cas, au montant du dégrèvement sollicité, la somme dont le paiement peut être différé.

Par conséquent, passé le délai de 6 mois tel qu'il est fixé par la loi et après acquittement des termes échus, le contribuable n'a plus, d'une manière générale, le droit de surseoir au paiement du reliquat intégral de la cote en litige ; il peut seulement, s'il en a manifesté l'intention lors du dépôt de sa demande, déduire de la somme restant due, non pas uniquement une portion du dégrèvement proportionnelle aux mois restant à courir, mais le montant total du dégrèvement sollicité : le résultat de cette soustraction représente la somme à payer en autant de termes qu'il en reste à échoir. Ce n'est que dans le cas où le dégrèvement sollicité est supérieur à la somme restant due après versement des termes échus, que le contribuable peut surseoir à tout paiement; mais, tant que le dégrèvement n'est pas définitivement accordé et ordonnancé à son profit, la loi ne lui reconnaît point le droit de se faire restituer tout ou partie des termes déjà soldés. Ainsi on établira de la manière suivante le compte d'un contribuable imposé pour une somme de 6.000 francs au rôle des patentes publié le 5 mars (par conséquent exigible par dixième), réclamant, au 20 mai, un dégrèvement de 500 francs.

Montant de la cote.............		6.000 f.
Termes échus lors du dépôt de la réclamation (2/10).........	1.200 f.	
Six termes exigibles après le dépôt de la réclamation.......	3.600	
Total..........	4.800 f.	4.800
Reste..........		1.200 f.
Dégrèvement sollicité..........		500
Reste..........		700 f.

Division de ce reste par le nombre de mois restant à courir, 700 : 2 = 350 fr., représentant la somme à payer mensuellement après l'expiration du délai légal de six mois. *(Cir. Compt. publ. 10 sept. 1905.)*

295. — La demande doit être signée par le réclamant ou par un mandataire autorisé. *(V. not. C. d'Et. 8 nov. 1878 ; 26 janv. 1895 ; 1er fév. et 7 nov. 1896.)*

296. — Il en est ainsi, alors même que la requête non signée porterait au bas le nom et l'adresse du réclamant. *(C. d'Et. 2 févr. 1895.)*

297. — Les réclamations non signées ne sont recevables que si elles émanent d'individus illettrés. *(C. d'Et. 12 sept. 1864 ; 5 févr. 1875.)*

298. — Il faut également que la demande constitue véritablement une réclamation ; et ce caractère a été refusé à un acte d'huissier, par lequel le contribuable proteste contre la taxe à laquelle il a été assujetti et déclare ne la payer que contraint et forcé et sous réserves. *(C. d'Et. 3 déc. 1886.)*

299. — Ce caractère a été refusé aussi à la lettre adressée au sous-préfet et dans laquelle le contribuable réclame contre ses contributions, envoie diverses pièces et demande au sous-préfet de faire droit à sa réclamation. *(C. d'Et. 20 déc. 1895.)*

§ 2. — RÉCLAMATION INDIVIDUELLE

300. — Les réclamations doivent être individuelles et non collectives. *(Inst. min. Int. 10 mai 1849, art. 19.)*

301. — Les pétitions ne peuvent être faites au nom de plusieurs personnes, à moins qu'il ne s'agisse d'individus inscrits sur un même article de rôle, pour cause d'indivision ou autrement. *(D. J. g. imp. dir. 455.)*

302. — Plusieurs personnes inscrites séparément au rôle, pour des cotes supérieures à trente francs, ne pourraient se réunir à l'effet de former sur une feuille de papier timbré une réclamation collective contre l'impôt qu'elles supportent ; dans ce cas, la réclamation ne vaudrait que pour celui des contribuables dont le nom figure le premier sur la pétition. *(C. d'Et. 24 déc. 1863 ; 8 août 1873 ; 11 févr. 1876 ; 23 nov. 1877 ; 16 mars 1888; 7 déc. 1894 ; 9 févr. 1895.)*

§ 3. — DÉPÔT DE LA DEMANDE

303. — La réclamation qui, aux termes de l'art. 28 de la loi du 21 avril 1832, aujourd'hui remplacé par l'art. 17 de la loi du 13 juillet 1903, est adressée au préfet ou au sous-préfet, doit être déposée dans les bureaux de la préfecture ou de la sous-préfecture.

304. — Ce mode de dépôt s'applique, tant aux réclamations en matière de contributions directes proprement dites, qu'à celles relatives aux taxes assimilées dont l'assiette et le recouvrement sont, aux termes de l'art. 11 de la loi du 22 juill. 1889, confiés à l'administration des contributions directes.

305. — S'il s'agit, au contraire, des taxes assimilées dont l'assiette n'est pas confiée à cette administration, les réclamations y relatives seront déposées au greffe du Conseil de préfecture. Ainsi, les réclamations en matière de curage ou de pâturage doivent être déposées au greffe du Conseil de péfecture. *(C. d'Et. 6 nov. 1896; 25 mars 1898.)*

306. — Les demandes en dégrèvement d'impôt ne peuvent être transmises, au préfet ou au sous-préfet, en franchise, sous le contre-seing des maires. Elles doivent être adressées, par les signataires et à leurs frais, aux fonctionnaires chargés de les examiner. *(Circ. min. Int. 21 avr. 1859 et 15 mai 1872.)*

307. — C'est au préfet ou au sous-préfet et non au maire que doivent être adressées, dans les délais prescrits, les demandes en décharge ou en réduction des contributions directes. Le réclamant ne peut donc prétexter d'une réclamation adressée à ce dernier magistrat, pour éviter l'application des règles de la déchéance. *(C. d'Et. 30 juin 1869.)*

308. — Toutefois, aux termes de l'art. 2 de la loi du 21 juillet 1887, tout contribuable qui se croira imposé à tort ou surtaxé, soit dans les rôles des quatre contributions directes, soit dans ceux de la taxe des prestations en nature, pourra en faire la déclaration à la mairie du lieu de l'imposition, dans le mois qui suivra la publication des dits rôles, sur un registre spécial, sans frais ni formalité, c'est-à-dire que ces déclarations ne seront soumises à aucun droit de timbre et qu'elles ne donneront lieu à aucune rétribution de la part du contribuable.

309. — Les dispositions de cette loi accordent aux contribuables qui ont des demandes en dégrèvement à former, des facilités avantageuses par la suppression de la nécessité des réclamations individuelles rédigées sur papier timbré quand elles ont pour objet une cote de 30 francs et au-dessus, lorsqu'il s'agit d'erreurs en quelque sorte évidentes et de nature à être clairement reconnues après un examen sommaire.

310. — Mais cet article 2 de la loi du 21 juillet 1887 n'est applicable qu'aux impositions comprises dans les rôles généraux des quatre contributions directes et des prestations ; par suite la réclamation relative aux chevaux et voitures ne peut être faite à la mairie. *(C. d'Et. 20 janv. 1899.)*

311. — La déclaration doit être écrite sur le registre *ad hoc* et signée par le réclamant ou son mandataire. De simples pourparlers à la mairie ne sauraient tenir lieu de réclamation. *(C. d'Et. 26 janv. 1895.)*

§ 4. — TIMBRE

312. — Ne sont point assujetties au timbre les réclamations ayant pour objet une cote moindre de 30 francs. *(L. 21 avr. 1832, art. 28, et L. 13 juill. 1903, art. 17, derniers alinéas.)*

313. — Il résulte de ces textes que la demande peut être rédigée sur papier libre, si la réclamation a pour objet une cote inférieure à 30 francs ; elle doit l'être sur papier timbré, si la cote est supérieure à ce chiffre.

314. — Les termes de la loi sont conçus d'une manière générale et les motifs sur lesquels est basé l'art. 28 sont applicables à toute espèce de contributions directes. *(D. J. g. 454.)*

315. — Par exception, en matière de prestations en nature, les réclamations, quel que soit le montant des cotes, sont dispensées de timbre. *(L. 28 juill. 1824, art. 5, et L. 22 juill. 1889, art 21 ; C. d'Et. 25 févr. 1907.)*

316. — Une réclamation relative à une cote inférieure à 30 francs, formée sur papier non timbré, est toujours recevable. *(C. d'Et. 3 août 1894 ; 21 juin 1895.)*

317. — Toute réclamation ayant pour objet une cote supérieure à 30 francs et présentée sur papier non timbré n'est pas recevable. *(V. not. C. d'Et. 14 déc. 1897 ; 22 janv., 4 févr. 16, 17 et 24 déc. 1898.)*

318. — Il en est ainsi en matière de taxes assimilées et de taxe vicinale. *(C. d'Et. 23 nov. 1895 ; 17 avr. 1896 ; 20 mars 1908.)*

319. — Et en matière de demande en décharge de responsabilité formée par un propriétaire ou principal locataire rendu responsable de la contribution mobilière de son locataire. *(C. d'Et. 29 déc. 1894.)*

320. — Dans les cas aussi où le requérant ne demande que la décharge des frais d'expertise, inférieurs à 30 francs. *(C. d'Et. 4 mars 1898.)*

321. — De même, une requête sur timbre, non motivée, relative à une cote supérieure à 30 francs, mais se référant à un mémoire ampliatif produit sur papier non timbré, n'est pas recevable. *(V. not. C. d'Et. 9 nov. 1895 ; 7 nov. 1896 ; 29 janv. 1897 ; 29 janv. 1898.)*

322. — Un contribuable dont la cote est supérieure à 30 francs doit présenter sa demande sur papier timbré, alors même que la réduction qu'il sollicite serait inférieure à ce chiffre. *(C. d'Et. 13 mai 1887.)*

323. — Une réclamation formée sur papier libre n'est pas recevable, bien qu'elle ait pour objet une taxe inférieure à 30 francs, si cette taxe est comprise, sous un même article de rôle, avec d'autres éléments de la même contribution formant une cote unique dont le total est supérieur à 30 francs. *(C. d'Et. 3 déc. 1897 ; 26 juill. 1900.)*

324. — On entend par cote, non le montant de l'article au rôle, mais seulement le montant de la contribution sur laquelle porte la réclamation. *(Com. Durieu, t. 1ᵉʳ, p. 110.)*

325. — D'après l'interprétation admise par la direction de l'enregistrement, on doit entendre par « cote », non pas le total de l'article au rôle, mais la part de chaque impôt afférente à un immeuble déterminé, à une profession spéciale, à un commerce particulier. *(Circ. compt. publ. 10 mars 1905, n° 1856.)*

326. — Quoique cette exemption ne s'appliquât, dans les termes rigoureux de la loi, qu'aux contributions personnelle et mobilière et des portes et fenêtres et que le ministre eût très anciennement décidé que la contribution foncière et celle des patentes ne pouvaient jouir de la même faveur, la jurisprudence du Conseil d'Etat n'admet point de distinction et la pratique qui s'est formée en ce sens est aujourd'hui acceptée par l'administration. *(Com. Durieu, t. 1ᵉʳ, p. 110.)*

327. — Ainsi, les diverses ouvertures d'une maison ne constituent que les éléments d'une cote unique. Il en est de même des divers chevaux, voitures, chiens, que possède un contribuable. *(C. d'Et. 28 déc. 1859 ; 4 nov. 1887 ; 3 févr. 1888.)*

328. — Il en serait autrement, s'il s'agissait de deux cotes distinctes, comme en cas de taxe personnelle et de taxe mobilière. Dans cette hypothèse, lorsque chacune d'elles est inférieure à 30 francs et que leur somme excède ce chiffre, la réclamation peut être valablement présentée sur papier libre. *(C. d'Et. 18 janv. 1860 ; 13 mai 1887 ; 8 mars 1890.)*

329. — Pour la contribution des portes et fenêtres l'imposition pour chaque maison constitue une cote distincte, alors même que d'autres maisons sont comprises dans le même article du rôle. *(C. d'Et. 19 déc. 1900.)*

330. — En matière de patentes, chaque droit fixe constitue une cote. *(C. d'Et. 8 avr. 1867 ; 18 janv. 1890.)*

331. — Est recevable la réclamation qui, présentée dans le délai légal, sur papier non timbré, a été reproduite sur papier timbré, après l'expiration de ce délai, mais avant la décision du Conseil de préfecture. *(C. d'Et. 11 janv. 1865 ; 7 avr. 1870 ; 4 mai 1877 ; 27 déc. 1878 ; 9 nov. 1888 ; 25 mars 1898.)*

332. — Mais la production d'une réclamation sur timbre, après l'arrêté du Conseil de préfecture, ne peut relever le réclamant de la déchéance encourue par lui. *(C. d'Et. 4 juill. 1891 ; 7 mars 1896.)*

333. — Quand la demande sur timbre n'a été enregistrée que plus de trois mois après la publication du rôle, les nouveaux chefs de réclamation qu'elle contient ne sont pas recevables. *(C. d'Et. 25 mars 1898.)*

333 bis. — Ne sont pas, en général, soumises au droit de timbre les demandes en remise ou en modération de cote, sauf celles que motivent des vacances de maisons ou des chômages d'usines. *(Inst. 30 janv. 1892, art. 21.)*

334. — Une réclamation ayant pour objet une cote supérieure à 30 francs présentée sur un papier portant le timbre proportionnel de 10 centimes et non timbrée en raison de la dimension est non recevable. *(C. d'Et. 29 avr. 1887 ; 10 déc. 1897.)*

335. — Enfin, si les réclamations sont soumises ou non au timbre, suivant le taux de la contribution, elles ne sont jamais soumises aux droits d'enregistrement. *(C. d'Et. 9 mai et 3 juill. 1896.)*

§ 5. — QUITTANCES DES TERMES ÉCHUS

336. — L'article 12 de la loi du 6 décembre 1897, modifiant l'art. 28 de la loi du 21 avr. 1832, a supprimé pour les contribuables en réclamation l'obligation de joindre à leur demande la quittance des termes échus sur les cotisations contestées.

337. — Cette simplification enlevant tout intérêt à la jurisprudence considérable et complexe qui s'était formée au sujet de cette formalité, il est inutile de s'en occuper longuement ; il suffit de savoir que les contribuables en réclamation n'ont à fournir aucune quittance à l'appui de leurs demandes.

CHAPITRE II

Délais de production des réclamations.

§ 1ᵉʳ. Délai ordinaire de trois mois.
§ 2. Délai spécial aux faux et doubles emplois.
§ 3. — déclarations à la mairie.
§ 4. — propriétés bâties.
§ 5. — patentes.
§ 6. — réclamations cadastrales.
§ 7. Autres délais spéciaux admis par la jurisprudence.
§ 8. Supputation du délai.
§ 9. Etendue de la réclamation relativement aux délais.

§ 1ᵉʳ. — DÉLAI ORDINAIRE DE TROIS MOIS

338. — D'après l'art. 17 de la loi du 2 messidor an VII, les réclamations devaient se faire dans les trois mois de la publication du rôle de l'année, à peine de déchéance.

339. — Le point de départ de ce délai, modifié par l'art. 28 de la loi du 21 avr. 1832, a été rétabli par l'art. 8 de la loi du 4 août 1844, qui, revenant au système de la loi de l'an VII, disposa que le délai de trois mois ne courait qu'à partir de la publication du rôle.

340. — Une réclamation formée avant la publication du rôle n'est pas recevable. *(C. d'Et. 2 mars 1895 ; 5 mai 1896 ; 18 déc. 1897.)*

341. — L'observation de la règle qui impose un délai de trois mois à partir de la publication des rôles pour former les réclamations est prescrite à peine de déchéance. *(V. not. C. d'Et. 16 janv. 1846 ; 25 janv. 1851 ; 16 juill. 1863 ; 6 févr. 1885; 11 nov. 1893 ; 20 janv. 1894 ; 9 févr. 1895 ; 17 déc. 1897 ; 24 déc. 1898 ; 20 janv. et 3 févr. 1899.)*

342. — Ce principe s'applique tout aussi bien aux rôles supplémentaires qu'aux rôles généraux. *(C. d'Et. 4 août 1868.)*

343. — Il s'applique également aux demandes en décharge ou en réduction des taxes assimilées aux contributions directes ; et il en est ainsi, encore bien que la demande soit fondée sur ce que la taxe manquerait de base légale. *(C. d'Et. 6 nov. 1880 ; 8 avr. 1892.)*

344. — Il est spécialement applicable en matière de taxe syndicale, sauf dans le cas prévu par l'art. 17 de la loi du 21 juin 1865 et qui a trait aux réclamations par lesquelles un propriétaire conteste sa qualité d'associé ou la validité de l'association. *(V. not. C. d'Et. 24 janv. 1868 ; 4 déc. 1874; 16 mars 1883 ; 5 févr. 1886 ; 16 févr. 1894.)*

345. — La réclamation formée plus de trois mois après la publication des rôles est irrecevable, bien que présentée moins de trois mois après la remise de l'avertissement. *(C. d'Et. 23 mai 1896.)*

346. — Pour repousser la fin de non recevoir tirée de la tardivité de la réclamation, le contribuable ne peut se prévaloir de ce qu'il n'aurait pas reçu l'avertissement de son imposition. *(C. d'Et. 23 fév. et 7 déc. 1895.)*

347. — Il ne pourrait pas se prévaloir non plus, de ce que la date de la publication du rôle n'aurait pas été indiquée sur l'avertissement délivré par l'administration. *(C. d'Et. 17 mai 1859.)*

348. — Le Conseil d'Etat a également refusé d'admettre comme recevables, des demandes formées par des particuliers qui prétendaient avoir été dans l'impossibilité de les fournir, dans le délai légal, à raison : de leur état de détention, de maladie, de minorité, de l'absence du domicile durant les premiers mois de l'année. *(C. d'Et. 3 avr. 1861 ; 23 juill. et 18 nov. 1863 ; 10 déc. 1897.)*

349. — On s'est demandé si une dérogation à la lettre de l'art. 8 de la loi du 4 août 1844, ne serait pas justifiée à l'égard des entrepreneurs de travaux publics, par le caractère spécial du droit fixe gradué qui leur est imposé, alors qu'en cette matière le principe de l'annalité de l'impôt n'est pas rigoureusement applicable, le droit devant être calculé, non sur le montant de l'adjudication, mais sur celui des travaux éxécutés. *(D. J. g., S. pat. 757.)*

350. — La jurisprudence, pour assurer à l'Etat le recouvrement total de la taxe, ayant dérogé au principe qu'il ne peut être tenu compte, pour la rédaction de chaque rôle, que des faits afférents à l'année, ne devait-il pas, par une juste compensation, être dérogée à la règle qui fait courir le délai, pour réclamer, du jour de la publication des rôles, quand, à cette date, il était impossible, tant pour l'administration que pour le contribuable, de se rendre un compte exact de la somme sur laquelle devait être calculé le droit fixe ? *(D. J. g., S. pat. 757.)*

351. — Le Conseil d'Etat après un arrêt pour l'affirmative, en date du 27 mai 1865, a décidé, conformiémnt aux termes de l'art. 8 de la loi du 4 août 1844, que l'obligation de présenter dans les trois mois, à partir de la publication des rôles, les demandes en réduction des contributions directes, s'applique à la demande d'un entrepreneur de travaux publics en réduction du droit fixe de patente, bien qu'il n'ait su qu'après l'expiration de ce délai qu'il n'aurait à exécuter qu'une quantité de travaux inférieure à celle sur laquelle ce droit avait été calculé. *(C. d'Et. 23 mai 1884 ; 27 avr. 1888 ; 1ᵉʳ févr. 1890 ; 11 nov. 1893 ; 17 mars 1894.)*

352. — Pareillement, le contribuable ne peut se prévaloir, pour échapper à la déchéance, de ce qu'il ne pouvait savoir, au moment de la publication des éléments de cotisations, dans quelle mesure il serait réellement imposable. Ainsi décidé à l'égard d'un fabricant de sucres de betteraves prétendant que, sa fabrication ne commençant qu'en septembre, il ne pouvait savoir en temps utile le nombre de bacs qu'il emploierait. *(C. d'Et. 26 déc. 1891.)*

353. — Jugé également, que le droit d'un patentable d'invoquer une cause éventuelle de réduction, qui ne peut se produire qu'après l'expiration du délai imparti par la loi, pour présenter les demandes en réduction des contributions directes, ne l'affranchit pas de l'obligation de former sa demande avant l'expiration de ce délai, sauf au conseil de préfecture à ajourner sa décision jusqu'à la réalisation de l'éventualité alléguée. *(C. d'Et. 21 nov. 1902.)*

354. — L'imposition supplémentaire à raison d'un élément omis au rôle primitif, ne peut prolonger le délai relatif à ce rôle. *(C. d'Et. 7 nov. 1896.)*

355. — Une réclamation formée plus de trois mois après la publication du rôle, en matière de contribution mobilière, est non recevable, sans qu'il y ait lieu de s'arrêter à une obligation tirée de ce que le réclamant ayant été ultérieurement imposé au droit proportionnel de patente d'après la valeur locative des mêmes locaux, ce fait lui ouvrait un nouveau délai de réclamation, relatif à la fois à l'impôt mobilier et à celui des patentes. *(C. d'Et. 22 déc. 1894 ; 28 mars 1896.)*

356. — Un contribuable qui n'a pas réclamé contre sa cote mobilière dans les trois mois de la publication du rôle, ne peut se prévaloir, pour échapper à la déchéance encourue, de ce qu'il n'a eu connaissance de l'illégalité de la partie de cette contribution afférente à ses locaux industriels, que par la publication d'un rôle supplémentaire, par lequel il a été imposé pour la première fois à la contribution des patentes. *(C. d'Et. 27 juin 1891.)*

357. — Le curateur d'une succession vacante

n'est recevable, à présenter une réclamation contre une contribution directe, que pendant le délai où le contribuable aurait pu former lui-même sa demande. *(C. d'Et. 8 août 1890.)*

358. — La réclamation élevée par un particulier contre son inscription au rôle d'un exercice, ne le dispense pas, dans le cas où, avant qu'il ait obtenu une décision, l'exercice suivant viendrait à s'ouvrir, de réclamer dans les délais par une seconde demande, contre l'inscription dont il serait encore l'objet au rôle de ce nouvel exercice, quoique la situation fût la même. *(C. d'Et. 12 juin 1845 ; 17 sept. 1854.)*

359. — La déchéance est encourue, bien qu'une réclamation formée pour une année précédente soit encore pendante. *(C. d'Et. 7 déc. 1894 ; 7 déc. 1895 ; 21 nov. 1902.)*

360. — Ou que cette nouvelle réclamation ne fasse que reproduire une demande relative à l'exercice précédent et présentée dans le délai légal. *(C. d'Et. 6 janv. 1894 ; 15 janv. 1898.)*

361. — Ou encore que décharge de la même contribution ait été prononcée pour l'année précédente. *(C. d'Et. 16 mars 1895 ; 19 mars 1897.)*

362. — Le contribuable n'est également dispensé de former sa réclamation dans les formes et les délais prescrits, ni par une note adressée au contrôleur des contributions directes, cette note ne pouvant être considérée comme une réclamation régulièrement introduite, ni par un acte d'huissier, par lequel ledit contribuable proteste contre la taxe à laquelle il a été assujetti et déclare ne la payer que contraint et forcé et sous réserves, cet acte d'huissier ne constituant pas davantage une réclamation. *(C. d'Et. 13 janv. 1882 ; 3 déc. 1886.)*

363. — Et bien qu'il ait quitté avant le 1er janvier la commune où il a été imposé et ait déclaré son changement de résidence à la mairie et au bureau de la perception. *(C. d'Et. 19 janv. 1895.)*

364. — La déclaration faite par le contribuable, à la mairie, avant l'émission du rôle, qu'il a cessé de posséder aucun élément de cotisation, ne le dispense pas de réclamer, à peine de déchéance, dans le délai fixé par la loi, contre la contribution à laquelle il est imposé. *(C. d'Et. 10 juin 1887.)*

365. — La déclaration de cessation de commerce, faite à la mairie ou au contrôleur des contributions directes, par un patentable, ne le dispense point pour obtenir décharge de sa patente, de l'obligation de présenter une réclamation dans les trois mois de la publication des rôles, et, dès lors, n'empêche point que la déchéance ne doive être prononcée contre lui s'il n'a pas réclamé dans ce délai. *(C. d'Et. 5 juin 1845 ; 26 mars 1856 ; 14 mars 1884.)*

366. — Et même, le patentable, qui n'exerce habituellement sa profession que pendant une partie de l'année, n'est pas recevable à réclamer après les trois mois de la publication du rôle, alors même qu'il prétendrait avoir ignoré s'il continuerait l'exercice de sa profession. *(D. J. g., S. pat. 758; C. d'Et. 22 déc. 1876.)*

§ 2. — DÉLAI SPÉCIAL AUX FAUX ET DOUBLES EMPLOIS

367. — L'art. 4 de la loi du 29 décembre 1884 accorde aux contribuables indûment imposés par suite de faux emploi ou de double emploi, des facilités nouvelles pour obtenir le dégrèvement.

368. — Le délai de trois mois dans lequel la réclamation doit être présentée, au lieu de courir alors, du jour de la publication des rôles, courra seulement du jour où le contribuable aura eu connaissance officielle des poursuites dirigées contre lui par l'administration. Ainsi il ne pourra plus arriver que le contribuable surtaxé se trouve forclos sans avoir même su qu'il eût intérêt à réclamer. *(Rapport de M. Dauphin au Sénat, D. P. 85, 38, note 4.)*

368 bis. — Du texte de l'art. 4 précité et des explications données par le rapporteur, il ressort que toutes les fois qu'un contribuable doit savoir qu'il figure sur les rôles, l'art. 8 de la loi du 4 août 1844 reste en vigueur ; c'est à lui qu'il incombe de faire en temps utile les demandes nécessaires pour s'assurer que l'impôt le concernant a été calculé exactement. En d'autres termes la disposition nouvelle ne s'applique jamais aux demandes en réduction. *(D. P. 88, 3, 41, note 1-8.)*

369. — De même, les dispositions de l'article 4 de la loi de 1884 ne peuvent être applicables aux contribuables qui, sans résider habituellement dans la commune, y possèdent une propriété. Il est évident que ces contribuables ne peuvent ignorer qu'ils doivent acquitter des impôts à raison de leurs propriétés. La règle d'après laquelle le délai de réclamation ne court que du jour de la connaissance acquise de l'imposition pour ceux qui n'ont ni domicile ni résidence dans la commune, ne peut donc s'appliquer aux contributions foncière et des portes et fenêtres qui supposent toujours l'existence d'une propriété. *(C. d'Et. 22 janv. 1868 ; 31 juill. 1885 ; 24 juin 1887.)*

369 bis. — Ni au contribuable qui est resté principal locataire d'une maison dans la commune qu'il a cessé d'habiter, ou qui a gardé dans la commune une habitation meublée qui reste à sa disposition. *(C. d'Et. 8 avr. 1868; 25 avr. 1891; S. 69, 2, 64.)*

370. — Il va sans dire, que le contribuable qui change d'habitation dans l'intérieur d'une même commune, n'a que trois mois à compter de la publication du rôle, s'il est maintenu audit rôle à raison de son ancienne habitation, sauf le cas de double emploi. *(C. d'Et. 30 avr. 1862; 20 janv. 1882; S. 63, 2, 95.)*

370 bis. — Dans le cas, au contraire, où un individu n'est passible d'aucune taxe et ne peut, par suite, être présumé savoir qu'il figure sur un des rôles des contributions directes ou taxes assimilées, la loi nouvelle considère que la publication des rôles n'a pas à son égard le caractère d'une mise en demeure. Par suite de cette réforme, la juridiction contentieuse cesse d'être obligée, comme elle l'était quelquefois auparavant, de maintenir des contributions établies, par suite d'erreurs si manifestes, que le contribuable n'avait commis aucune négligence en ne vérifiant pas s'il était inscrit au rôle.

Il est à remarquer que l'art. 4 de la loi du 29 déc. 1884, s'appliquant à tous les cas où il y a eu faux emploi, profite au contribuable qui était à bon droit inscrit au rôle de l'année précédente et qui par suite d'un fait nouveau a cessé d'être imposable. *(D. P. 88, 3, 41, note 1-8; C. d'Et. 29 déc. 1894.)*

371. — Il a été jugé toutefois que, tant que la note d'une mutation de propriété n'a pas été inscrite au livre de mutations, à la diligence des intéressés, l'ancien propriétaire est avec raison inscrit au rôle et il n'est pas recevable à réclamer contre son imposition dans le délai fixé par l'art. 4 de la loi du 29 déc. 1884, cette disposition n'étant applicable qu'en cas de cotes indûment imposées par suite de faux emploi. *(C. d'Et. 10 janv. 1900 ; 12 juin 1901.)*

372. — Mais cette disposition est applicable aux réclamations motivées sur ce que le contribuable :

1° Ne possédait, au 1er janvier, aucun élément de cotisation pouvant donner lieu à la taxe pour laquelle il est porté au rôle de la contribution des chevaux et voitures. *(C. d'Et. 19 mars 1886)* ;

2° Ou ne possédait, dans la commune, aucun élément pouvant servir de base à la taxe des prestations à laquelle il a été imposé. *(C. d'Et. 25 févr. 1887)* ;

3° Ou avait cessé, avant le 1er janvier, d'habiter la commune où il a été imposé à la contribution mobilière et à la taxe sur les billards. *(C. d'Et. 1er juill. 1887.)*

4° Ou avait cessé, avant le 1er janvier, l'exercice de la profession à raison de laquelle il était imposé à la patente. *(C. d'Et. 28 janv., 11 févr., 13 mai, 24 juin et 1er juil. 1887, 20 nov. 1897.)*

5° Ou se trouvait imposé sur un rôle supplémentaire à raison d'éléments déjà compris sur le rôle primitif des prestations *(C. d'Et. 13 janv. 1908.)*

373. — Le fait qu'un fonctionnaire, quittant une ville où il est régulièrement imposé, pour se conformer aux ordres de ses chefs, d'acquitter dans sa nouvelle résidence une contribution due par son prédécesseur ne constitue pas un cas de double emploi dans le sens de la loi de 1884. *(C. d'Et. 20 nov. 1893.)*

374. — La prolongation de délai édicté par l'art. 4 de la loi du 29 déc. 1884 ne profite qu'aux réclamations concernant l'intégralité d'une cote. Cette loi supposant, en effet, que le réclamant ne pouvait savoir qu'il était inscrit sur les rôles, est inapplicable aux demandes en réduction.

375. — Ainsi, il a été jugé que la règle générale reprend son empire, c'est-à-dire que le délai court du jour de la publication, lorsque la réclamation est basée :

1° Sur l'exagération de la valeur locative. *(C. d'Et. 25 oct. 1895)* ;

2° Ou sur ce que le contribuable a été assujetti à l'impôt dés portes et fenêtres pour un nombre d'ouvertures supérieur à celui des ouvertures légalement imposables. *(C. d'Et. 10 juin 1887)* ;

3° Ou encore, sur le fait que la patente est due pour une profession autre que celle pour laquelle elle a été établie. *(C. d'Et. 10 juin 1887.)*

376. — Un contribuable imposé à la patente, à raison de deux professions exercées dans le même local, et soutenant qu'il a cessé d'exercer l'une des deux, n'est pas recevable à se prévaloir du bénéfice du délai spécial établi par l'art. 4 précité. *(C. d'Et. 19 mars 1898.)*

377. — Dans le cas où un contribuable reconnaît avoir été régulièrement imposé à la taxe des prestations, à raison d'une voiture et d'animaux lui appartenant, et ne réclame que pour l'imposition à raison de sa personne, ce contribuable ne contestant qu'un des éléments de sa cotisation, ne peut soutenir que son inscription au rôle constitue un faux emploi. *(C. d'Et. 3 févr. 1888.)*

378. — Il en est de même, dans le cas où un contribuable reconnaît avoir été régulièrement imposé à la taxe des prestations à raison de sa personne et ne réclame que contre l'imposition à raison d'un cheval et d'une voiture. *(C. d'Et. 23 nov. 1889.)*

379. — Une réclamation pour faux ou double emploi qui n'a pas pour objet l'intégralité de la cote ne bénéficie pas du délai spécial établi par la loi du 29 déc. 1884. *(V. not. C. d'Et. 17 mars 1894 ;*

19 janv. 1895 ; 20 nov. 1897 ; 4 et 25 mars 1898 ;
20 janv. 1899.)

380. — Dans le cas où un patentable est inscrit
au rôle sous le même numéro, pour une profession
qu'il exerce et pour une autre profession qu'il a
cessé d'exercer avant le commencement de l'année,
il y a faux emploi en ce qui concerne cette dernière. *(C. d'Et. 29 juin 1888 ; 18 janv. 1890.)*

381. — La contribution personnelle et la contribution mobilière doivent être considérées comme
constituant deux cotes distinctes ; par suite, le
contribuable qui prétend avoir été imposé, par faux
emploi, à la contribution mobilière peut former sa
réclamation dans le délai fixé par l'art. 4 de la loi
du 29 déc. 1884, alors même qu'il ne conteste pas
son imposition à la contribution personnelle. *(C.
d'Et. 7 août 1889 ; 5 avr. 1895.)*

382. — En matière d'impôt des portes et fenêtres,
l'imposition pour chaque maison constitue une
cote distincte, alors même que d'autres maisons
sont comprises dans le même article de rôle ; en
conséquence, une demande en décharge de l'imposition afférente à une maison comprise sous le
même article du rôle que d'autres immeubles, porte
sur l'intégralité d'une cote, et elle est recevable
alors qu'elle a été présentée dans les trois mois de
la connaissance acquise de l'imposition résultant
de son paiement. *(C. d'Et. 19 déc. 1900.)*

383. — En cas de fermeture de magasin par
suite de faillite, le délai pour réclamer la décharge
des douzièmes non échus, court, comme avant la

loi du 29 déc. 1884, du jour de cette fermeture. *(C. d'Et. 18 mars 1887.)*

384. — Dans le cas où l'art. 4 de la loi du 29 déc. 1884 est applicable, le délai pour réclamer court, non pas de la date de la remise de l'avertissement ou des lettres de rappel du percepteur, mais bien de la date de la sommation avec frais. *(C. d'Et. 13 mai, 17 et 24 juin 1887 ; 9 nov. 1889 ; 27 déc. 1890; 16 juin et 4 nov. 1893; S. 92, 3, 4.)*

385. — Ce délai court à plus forte raison, d'un commandement adressé au contribuable. *(C. d'Et. 13 mars 1897; 15 janv. 1898.)*

386. — Il a été jugé cependant que la date de la saisie, lorsque rien n'établit que le contribuable ait eu connaissance des autres degrés de poursuites, peut être prise comme point de départ, en cas de faux emploi, du délai de trois mois pour introduire une réclamation. *(C. d'Et. 29 juill. 1901.)*

387. — Un contribuable ayant fait opposition à un commandement devant le tribunal civil en se fondant sur l'irrégularité de l'imposition et le tribunal ayant retenu l'opposition, en renvoyant à la juridiction administrative la question de régularité de la taxe, la réclamation présentée devant le Conseil de préfecture à la suite de ce jugement, n'en constitue pas moins une demande en décharge et, par suite, elle n'est pas recevable si elle a été présentée plus de trois mois après la connaissance acquise de l'imposition résultant de la signification du commandement. *(C. d'Et. 3 mai 1902.)*

388. — Une réclamation formée plus de trois

mois après la connaissance de la double imposition, connaissance constatée par le paiement, n'est pas recevable. *(V. not. C. d'Et. 4 nov. 1887 ; 2 mars 1888 ; 7 juill. 1893 ; 3 mars 1894 ; 4 janv., 5 avr. et 16 déc. 1895 ; 17 déc. 1897.)*

389. — En cas de double emploi, la connaissance acquise de la double imposition qui fait courir le délai de réclamation ne court que du dernier des deux paiements. *(C. d'Et. 29 déc. 1894 ; 28 janv. 1901.)*

390. — La circonstance qu'il aurait été fait à la mairie, dans les délais légaux de réclamation, une déclaration de reconstruction de la maison du requérant, qui avait été incendiée et avait été comprise cependant au rôle des impositions, ne peut relever de la déchéance encourue, le réclamant qui avait payé cette contribution plus de trois mois avant la demande en décharge. *(C. d'Et. 12 févr. 1898.)*

§ 3. — DÉLAI SPÉCIAL AUX RÉCLAMATIONS A LA MAIRIE

391. — Une innovation considérable a été introduite en matière de réclamation, par l'art. 2 de la loi du 21 juillet 1887, qui a organisé une procédure spéciale permettant aux contribuables, se croyant taxés à tort ou surtaxés, de provoquer, sans instruction contentieuse et d'accord avec les agents de l'administration, la rectification des erreurs commises, tout en maintenant expressément en vigueur l'art. 4 de la loi du 29 déc. 1884, pour les cas où les contribuables n'auraient pas usé de la faculté nouvelle qui leur est donnée et où leur demande n'aurait pas été accueillie. *(D. P. 87, 4, 97, note 2.)*

392. — Cet article 2 est ainsi conçu :

« Tout contribuable qui se croira imposé à tort ou surtaxé, soit dans les rôles généraux des quatre contributions directes, soit dans ceux de la taxe des prestations en nature, pourra en faire la déclaration à la mairie du lieu de l'imposition dans le mois qui suivra la publication desdits rôles.

« Les contribuables dont les réclamations....... n'auraient pas été admises............ en seront avisés, et ils auront la faculté de présenter des demandes en dégrèvement dans les formes ordinaires, dans un délai d'un mois, à partir de la date de la notification, sans préjudice des délais fixés par les lois du 21 avril 1832, art. 28. et du 29 décembre 1884, art. 4. »

393. — Sera donc recevable une réclamation présentée dans le mois de la notification du rejet de la demande en réduction formée à la mairie dans le délai légal. *(C. d'Et. 31 mai 1895 ; 31 juill. 1896.)*

394. — Mais la disposition de l'art. 2 de la loi du 21 juill. 1887, d'après laquelle le contribuable qui a fait à la mairie la déclaration qu'il se croit surtaxé, peut réclamer devant le conseil de préfecture, dans le mois après l'avis qui lui est donné, que sa demande n'est pas admise, n'est applicable qu'autant que la déclaration à la mairie a été faite dans le mois qui suit la publication du rôle, conformément à ce même article. *(C. d'Et. 24 mars 1891.)*

395. — Un contribuable qui, se croyant surtaxé, a fait à la mairie la déclaration prévue par l'art. 2 précité et qui a reçu la lettre l'avisant d'avoir à reproduire sa demande dans les formes ordinaires, doit, à peine de déchéance, présenter sa réclamation dans le délai d'un mois, à partir du jour où il a reçu cet avis, à moins qu'il ne se trouve encore dans les délais fixés par les lois du 21 avr. 1832 et 29 déc. 1884. *(C. d'Et. 26 avr. 1890 ; 24 mars 1891 ; 11 nov. 1893 ; 31 oct. 1896.)*

396. — Une réclamation formée plus de trois mois après le 1ᵉʳ janvier contre une taxe dont le rôle a été publié avant cette date, mais dans le mois de l'avis du rejet de la réclamation faite à la mairie, est recevable. *(C. d'Et. 26 juin 1897.)*

§ 4. — DÉLAI SPÉCIAL AUX PROPRIÉTÉS BATIES

397. — D'après l'art. 7 de la loi du 8 août 1890, tout propriétaire de propriétés bâties est admis à réclamer contre l'évaluation attribuée à son immeuble, pendant les six mois à dater de la publication du premier rôle, dans lequel cet immeuble aura été imposé, et pendant trois mois à partir de la publication du rôle suivant. *(C. d'Et. 22 juill. 1892; 21 juill. 1894.)*

398. — En ce qui concerne les rôles subséquents, les propriétaires sont admis à réclamer pendant les trois mois de la publication de chaque rôle lorsque, par suite de circonstances exceptionnelles, leur immeuble aura subi une dépréciation.

399. — En dehors de ces cas, aucune demande en décharge ou en réduction ne sera recevable, sauf dans l'hypothèse où l'immeuble serait en tout ou en partie détruit ou converti en bâtiment rural.

400. — Le droit de réclamer pendant les trois mois qui suivent la publication des rôles subséquents n'est ouvert aux propriétaires que dans le cas où l'immeuble a subi une dépréciation par suite de circonstances exceptionnelles. *(D. P. 90, 4, 80, note 1.)*

401. — Ne constituent pas une cause exceptionnelle de dépréciation dans le sens de l'art. 7 de la loi du 8 août 1890 et, par suite, ne peuvent donner lieu à réduction de la valeur locative attribuée à un immeuble:

1° La baisse générale des loyers, soit dans une commune, soit dans une fraction de commune. *(C. d'Et. 17 mars, 4 mai, 20 avr., 21 juill., 9 nov. 1894 ; 10 mai, 8 août 1895 ; 10 janv., 21 févr. 1896 ; 6 févr. 1897)* ;

2° Des travaux ayant rendu moins facile la location d'immeubles pendant trois ans et ayant même amené une vacance temporaire. *(C. d'Et. 31 janv. 1896)* ;

3° Le fait qu'un propriétaire a élevé une nouvelle construction devant un immeuble lui appartenant également et qu'il en est résulté pour cet immeuble une notable dépréciation. (*C. d'Et. 27 juill. 1900*) ;

4° La résiliation d'un bail et la cessation de l'entreprise par suite de la déconfiture d'un locataire. (*C. d'Et. 4 mai 1894 ; 1ᵉʳ avr. 1898*);

5° Le fait qu'un immeuble a cessé d'être affecté à l'usage de caserne de gendarmerie. (*C. d'Et. 29 avr. 1901*) ;

6° Le fait que les immeubles de toute une rue ont, postérieurement aux évaluations, subi une dépréciation par suite de l'exécution de certains travaux d'amélioration dans d'autres quartiers d'une ville. (*C. d'Et. 23 févr. 1895*) ;

7° Ou la construction d'un grand nombre de maisons. (*C. d'Et. 24 mai 1895.*)

402. — Aux termes de l'art. 38 de la loi du 15 sept. 1807, les propriétaires d'immeubles bâtis ont le droit de demander décharge ou réduction dans le cas de la destruction totale ou partielle de leurs bâtiments. (*D. J. g. 66.*)

403. — La dispense d'impôt que l'article 38 précité établit au cas de destruction ou de démolition s'applique indistinctement aux édifices détruits par cas fortuit ou tombés de vétusté, et à ceux dont la destruction aurait été volontaire de la part du propriétaire. (*C. d'Et. 1ᵉʳ nov. 1838 ; 5 févr. 1840 ; 24 mars 1849.*)

404. — La demande doit être faite dans les trois mois de la destruction de la propriété. (*C. d'Et. 9 avr. 1849.*)

405. — Un contribuable peut réclamer, pour toute année postérieure à l'application de la loi du 8 août 1890 une réduction de sa contribution, en se fondant sur ce que son immeuble aurait été converti en bâtiment rural. Cette demande entre dans la catégorie de celles que les dispositions du paragraphe 3 de l'article 7 de la loi du 8 août 1890 autorisent les contribuables à présenter dans les trois mois de la publication du rôle de chaque année. *(C. d'Et. 17 janv. 1896.)*

406. — Si un atelier a été converti en bâtiment rural, il faut accorder une décharge correspondante à la valeur locative de cet atelier. *(C. d'Et. 10 janv. 1896.)*

407. — L'enlèvement de la machine à vapeur et du matériel d'un bâtiment servant précédemment d'usine rentre dans la catégorie des faits à raison desquels, aux termes de l'article 7 de la loi du 8 août 1890, le propriétaire est recevable à demander réduction de l'évaluation locative de son immeuble dans les trois mois de la publication de chaque rôle. *(C. d'Et. 20 déc. 1895.)*

408. — Le propriétaire peut demander une réduction de l'évaluation de la valeur locative de son bâtiment, lorsque celui-ci a été démoli en partie dans l'intervalle qui s'étend entre l'évaluation qui en a été faite et le 1ᵉʳ janvier. *(C. d'Et. 16 mars 1894.)*

409. — Lorsqu'un contribuable a réclamé une année contre l'évaluation de son immeuble et que sa demande est rejetée, il ne peut demander de nouveau, une autre année, réduction de son imposition, en dehors des cas prévus par l'art. 7 de la loi de 1890. Il a épuisé son droit jusqu'à la prochaine évaluation. (*V. not. C. d'Et. 2 mars, 21 avril, 6 juin, 7 et 21 déc. 1894; 18 janv., 16 mars et 12 juill. 1895.)*

410. — La valeur locative, déterminée au moment de la première réclamation, doit, pendant dix ans ou jusqu'à l'expiration de la période décennale, servir de base à la contribution foncière. *(Mêmes arrêts.)*

411. — Elle ne saurait notamment être réduite à raison d'une diminution de revenu du preneur. *(C. d'Et. 16 mars 1894.)*

412. — En sens inverse, lorsqu'un contribuable a réclamé contre l'évaluation assignée à son immeuble et qu'il a obtenu une réduction, l'évaluation ainsi fixée doit, pendant dix ans ou jusqu'à l'expiration de la période décennale, servir de base à la contribution foncière; en conséquence, si, sur sa réclamation contre l'imposition de la première année, il a obtenu une réduction, la même réduction doit être accordée pour les années suivantes. (*V. not. C. d'Et. 4 mai, 7 juill. 1894; 26 janv. 23 et 30 nov. 1895; 28 janv., 17 et 24 fév. 1899.)*

§ 5. — DÉLAI SPÉCIAL AUX PATENTES

413. — En matière de patente, outre les délais ordinaires, les contribuables jouissent, dans certains cas déterminés, de délais spéciaux pour former leurs réclamations.

414. — D'après le paragraphe 2 de l'article 28 de la loi du 15 juillet 1880, en cas de cession d'établissement, la patente sera, sur la demande du cédant ou du cessionnaire, transférée à ce dernier. La demande sera recevable dans le délai de trois mois, à partir soit de la cession de l'établissement, soit de la publication du rôle supplémentaire dans lequel le cessionnaire aura été personnellement imposé pour l'établissement cédé. La mutation de cote sera réglée par le préfet et les droits qui formeraient double emploi au préjudice du cessionnaire seront alloués en décharge par le conseil de préfecture.

415. — Aux termes du paragraphe 3 du même article, modifié par l'article 30 de la loi du 8 août 1890, en cas de fermeture des établissements, magasins, boutiques et ateliers par suite de décès, de liquidation judicaire ou de faillite déclarée, les droits ne seront dus que pour le passé et le mois courant. Sur la réclamation des parties intéressées, il sera accordé décharge du surplus de la taxe.

416. — Les demandes en transfert doivent, aux termes de l'article 28 de la loi de 1880, être présentées dans les trois mois qui suivent, soit la cession, soit la publication du rôle supplémentaire dans lequel le cessionnaire aurait été personnellement imposé, pour l'établissement cédé, à des droits qui formeraient double emploi avec ceux qui auraient déjà été inscrits au nom du cédant, c'est-à-dire à des droits dont le transfert aurait pu être utilement demandé. *(D. J. g., S. pat. 798.)*

417. — La demande est irrecevable comme prématurée si elle est formée par un officier ministériel antérieurement à la nomination de son successeur. *(C. d'Et. 19 mars 1897.)*

418. — Il est sans difficulté qu'une demande en transfert est recevable, alors qu'elle est présentée plus de trois mois après la cession de l'établissement, mais dans les trois mois après la publication du rôle supplémentaire sur lequel le cessionnaire a été imposé. *(C. d'Et. 12 mars 1897.)*

419. — Il avait été décidé que la demande en transfert de patente formée par le cédant, présentée plus de trois mois après la cession, était irrecevable, lorsque le cessionnaire n'avait pas encore été imposé sur un rôle supplémentaire, le double emploi ne résultant que de ce rôle. *(C. d'Et. 21 mars 1883.)*

420. — Le Conseil d'Etat a changé de jurisprudence, et décide aujourd'hui, qu'est recevable une demande en transfert de patente formée, par le cédant, plus de trois mois après la cession de son établissement, mais antérieurement à la publication du rôle supplémentaire sur lequel le cessionnaire a été imposé. *(C. d'Et. 12 mars 1897.)*

421. — La demande en transfert formée par un officier ministériel, plus de trois mois après la cession et la publication du rôle supplémentaire dans lequel le cessionnaire a été imposé, n'est pas recevable. *(C. d'Et. 7 mai 1897.)*

422. — Une réclamation présentée par un contribuable, qui n'a cessé son commerce qu'après le 1er janvier, à l'effet d'obtenir décharge des droits de patente, auxquels il a été assujetti sur le rôle primitif, par le motif qu'ils font double emploi avec ceux imposés à son successeur sur le rôle supplémentaire du premier trimestre, doit être considérée comme une demande en transfert de patente et non comme une demande en décharge pour double emploi pévue par l'article 4 de la loi du 29 décembre 1884 ; en conséquence, cette déclaration n'est pas recevable si elle est formée plus de trois mois après la cession de l'établissement ou la publication du rôle supplémentaire dans lequel le cessionnaire a été imposé. *(C. d'Et. 6 nov. 1897.)*

423. — Lorsqu'un patentable a cessé l'exploitation de son établissement dans le courant d'une année et que cette exploitation n'a été reprise par un autre commerçant qu'au 1er janvier de l'année suivante, la demande qu'il adresse à l'effet d'être déchargé de la contribution afférente à cette seconde année, a le caractère d'une demande en décharge pour faux emploi, et, ne constituant pas une demande en transfert, elle ne bénéficie pas des délais spéciaux impartis par l'article 28 de la loi du 15 juillet 1880. *(C. d'Et. 7 mai 1897.)*

424. — Les demandes en décharge pour cause de décès doivent êre formées dans les trois mois du jour où le droit de réclamer s'ouvre pour les héritiers du patentable décédé, c'est-à-dire ordinairement du jour du décès. *(C. d'Et. 6 déc. 1848 ; 17 mai 1851 ; 30 juin 1858 ; 6 mai 1863.)*

425. — Toutefois, si au moment du décès les rôles n'étaient pas publiés dans la commune que le patentable habitait, le délai ne courrait que du jour de la publication. *(C. d'Et. 20 sept. 1871.)*

426. — Le délai pour réclamer, en cas de faillite, la décharge des douzièmes des droits de patente, afférents aux mois qui suivent celui où la faillite a été déclarée ou bien le magasin fermé, court du jour de la déclaration de faillite ou de la fermeture du magasin. *(C. d'Et. 16 févr. 1866 ; 27 janv. 1882 ; 14 mai 1897.)*

427. — Une réclamation formée plus de trois mois après la fermeture d'un établissement pour cause de liquidation judiciaire n'est pas recevable. *(C. d'Et. 16 déc. 1893 ; 8 août 1895.)*

428. — Il en est de même d'une demande en décharge de douzièmes non échus de la contribution des patentes formée plus de trois mois après le jour où s'est ouvert le droit de réclamer, dans l'espèce plus de trois mois après le jugement prononçant la liquidation judiciaire. *(C. d'Et. 1ᵉʳ avr. 1898.)*

§ 6. — DÉLAI SPÉCIAL AUX RÉCLAMATIONS CADASTRALES

429. — Aux termes de l'article 9 de l'ordonnance du 3 octobre 1821, tout propriétaire est admis à réclamer contre le classement de ses fonds, pendant les six mois qui suivront la mise en recouvrement du rôle cadastral. Passé ce délai, aucune réclamation ne pourra être admise qu'autant qu'elle portera sur des causes postérieures et étrangères au classement. (*D. J. g. imp. dir. 108.*)

430. — En cas de renouvellement du cadastre dans une commune, un contribuable peut, dans les six premiers mois qui suivent la mise en recouvrement du premier rôle, réclamer devant le Conseil de préfecture contre le classement des propriétés non bâties lui appartenant. (*C. d'Et. 16 nov. 1895.*)

431. — La règle posée dans l'article 9 précité de l'ordonnance de 1821 a été appliquée par de nombreux arrêts. (*V. not. C. d'Et. 23 mai 1834 ; 30 juin 1835 ; 18 mai 1837 ; 9 janv. 1846 ; 13 avr. 1853 ; 23 juin 1865 ; 23 févr. 1877 ; 17 mars 1894 ; 17 avr. 1896 ; 30 oct. 1897.*)

432. — Il a été jugé que la demande en dégrèvement du revenu matriciel, formée sur le motif qu'on a classé comme vigne une parcelle qui était en nature de terre labourable, doit être rejetée comme tardive, si elle est formée après les six mois de la mise en recouvrement du premier rôle. (*C. d'Et. 12 avr. 1844; S. 44, 2, 357; C. d'Et. 8 fév. 1878.*)

433. — Le délai fixé par l'article 9 précité est de rigueur; et le Conseil d'Etat a décidé notamment, qu'un individu qui s'était rendu acquéreur d'une propriété non bâtie, après l'expiration de ce délai, n'est pas fondé à prétendre qu'un nouveau délai de réclamation court en sa faveur à partir du jour de son acquisition. *(C. d'Et. 20 juin 1855.)*

434. — Le délai de six mois court même contre le propriétaire au cas où, par suite d'une erreur dans un travail de mutation, la parcelle était, à l'époque de l'événement, inscrite au nom d'un particulier autre que lui. *(C. d'Et. 9 nov. 1883.)*

435. — Le délai de six mois ne court qu'à partir de la mise en recouvrement du premier rôle sur lequel le contribuable a été inscrit à raison de la parcelle non bâtie dont il est propriétaire. *(C. d'Et. 23 fév. 1877.)*

436. — Quand la diminution qu'éprouvent les propriétaires est due à une cause antérieure au classement, les réclamations formées plus de six mois après le premier rôle doivent être rejetées, conformément à l'ordonnance et au règlement de 1821. *(D. J. g. imp. dir. 112.)*

437. — Cette déchéance a été constamment appliquée par la jurisprudence de la manière la plus rigoureuse. *(C. d'Et. 6 juin 1834; 6 mars 1835; 8 janv. 1836; 18 mai 1837; 17 mars 1894.)*

438. — Le propriétaire de marais desséchés qui, dans les six premiers mois de l'émission du rôle cadastral, s'est borné à demander le bénéfice de l'exemption temporaire d'impôt établi par l'art. 111

de la loi du 3 frimaire an VII, sans réclamer contre le classement de sa propriété, n'est pas recevable à présenter ultérieurement une réclamation de cette nature; il prétendrait à tort que le délai n'a pu courir à son égard qu'à partir de l'émission du premier rôle sur lequel il a été imposé. *(C. d'Et. 7 avr. 1858; S. 59, 2, 122; C. d'Et. 18 avril et 5 déc. 1891.)*

439. — Quant aux réclamations pour causes postérieures et étrangères au classement, on a soutenu qu'elles n'étaient soumises à aucun délai et on a invoqué à l'appui de cette interprétation les termes de l'art. 31 du règlement général sur le cadastre du 10 octobre 1821, aux termes duquel les propriétaires sont admis à réclamer à toute époque, lorsque la diminution qu'ils éprouvent dans leur revenu imposable provient de causes postérieures et étrangères au classement. *(D. J. g., S. imp. dir., 56.)*

440. — Cette solution avait été primitivement admise par le Conseil d'Etat. *(C. d'Et. 19 juill. 1837; 16 nov. 1850; 20 nov. 1856; 16 déc. 1863.)*

441. — Mais cette doctrine a été abandonnée dès 1865. *(C. d'Et. 11 janv. et 7 août 1865.)*

442. — Et l'assemblée générale du Conseil d'Etat a confirmé sa nouvelle jurisprudence par un arrêt qui applique le délai de six mois fixé par l'ordonnance du 3 octobre 1821 à toutes les réclamations. *(C. d'Et. 28 fév. 1873.)*

443. — L'expression à toute époque employée par le règlement général du 10 octobre 1821, signifie simplement que la réclamation pourra se produire à quelque époque qu'ait lieu la diminution du revenu qui la motive. *(C. d'Et. 21 mai 1897.)*

444. — Dans le cas où la réclamation se produit à raison d'événements postérieurs et étrangers au classement et indépendants de la volonté du propriétaire, le délai court du fait qui donne lieu à réclamation, c'est-à-dire de l'événement qui a causé une diminution de valeur. *(C. d'Et. 28 janv. 1899.)*

445. — Lorsqu'il s'agit de faits qui se sont prolongés pendant plusieurs années, le délai court de l'époque où il a été certain que ces faits ont causé à la valeur de la propriété une dépréciation permanente. *(C. d'Et. 22 mars et 2 août 1878.)*

446. — N'est pas recevable une réclamation contre le classement en cas de diminution du revenu imposable provenant de fouilles ou d'extraction de matériaux pour l'exécution de travaux publics, alors qu'elle est formée plus de six mois après la publication du premier rôle qui a suivi les événements motivant la réclamation. *(C. d'Et. 18 fév. 1898.)*

447. — Le délai de six mois pendant lequel doit être présentée la réclamation contre le classement cadastral d'une propriété non bâtie, à raison de la diminution de revenus provenant de faits postérieurs au classement et indépendants de la volonté du propriétaire, court, à l'égard du propriétaire de bois qui allègue les dégâts causés à ses bois par la rigueur excessive de la gelée pendant un hiver, à partir de l'époque où l'étendue des dommages a pu être connue. *(C. d'Et. 26 juin 1885; 4 août 1899.)*

448. — La réclamation contre le classement, dérivant de causes postérieures et étrangères au classement, doit être accueillie quand la cause de la disparition ou, de la détérioration de la propriété est à la fois imprévue, étrangère et postérieure au classement et indépendante de la volonté du propriétaire. *(D. J. g., S. imp. dir. 58.)*

449. — C'est en vertu de ces principes, que le droit de réclamer après les six mois de la mise en recouvrement du premier rôle a été accordé à raison d'une diminution de revenus résultant :

1° soit d'orages, soit d'inondations ayant recouvert le terrain de sable, de blocs de pierre, de marne noire et de troncs d'arbres *(C. d'Et. 29 mai 1874)*;

2° soit d'un incendie qui a détruit une forêt *(C. d'Et. 4 août 1899)*;

3° soit d'inondations qui ont été la conséquence de travaux publics, par exemple, de l'établissement d'une voie ferrée ayant mis obstacle à l'écoulement naturel des eaux, cette diminution devant être attribuée à une cause imprévue et indépendante de la volonté du propriétaire. *(C. d'Et. 20 nov. 1856; 4 nov. 1887.)*

450. — Donnent également lieu à un nouveau classement les fouilles opérées pour établir la chaussée d'un chemin de fer ou des travaux de barrage exécutés par l'Etat sur une rivière, ayant eu pour effet la submersion permanente de la propriété du réclamant. *(C. d'Et. 5 oct. 1857; 15 juil. 1858; 2 août 1878; S. 80, 2, 123.)*

451. — Mais le droit de réclamer après les six mois de la mise en recouvrement du premier rôle cadastral doit être refusé au propriétaire qui souffre d'une diminution de revenu provenant, non d'un fait matériel, mais d'un fait d'ordre économique. *(D. P. 82, 3, 14, note 4.)*

452. — C'est ce qui a été décidé notamment à l'égard d'un propriétaire de bois qui prétendait que la diminution dans le revenu de sa propriété provenait de la substitution de la houille au bois dans le chauffage et du fer au bois dans la construction. *(C. d'Et. 6 juill. 1858.)*

453. — Le droit de réclamer un nouveau classement a été également refusé au propriétaire réclamant à propos de la dépréciation résultant pour une prairie : soit de l'interdiction d'établir des barrages mobiles sur une rivière pour pratiquer des irrigations; soit d'un règlement préfectoral pour la distribution des eaux, qui a restreint la durée hebdomadaire des heures d'arrosage; soit de la destruction d'un barrage, ordonnée par arrêté préfectoral. *(C. d'Et. 12 janv. 1865; 12 mars 1870; 29 juin 1877.)*

§ 7. — AUTRES DÉLAIS SPECIAUX ADMIS PAR LA JURISPRUDENCE.

454. — Malgré les termes généraux de l'article 8 de la loi du 4 août 1844, la jurisprudence a toujours admis que la publication du rôle ne faisait pas courir le délai, et que ce délai ne courait que du jour où le contribuable avait eu connaissance de son imposition par des poursuites ou tous autres moyens, alors que ce contribuable n'habite pas la commune et n'y a pas de représentant.

455. — Jugé que le délai de trois mois, dans lequel doivent être formées les demandes en décharges ou réduction des contributions directes, autre que l'impôt foncier et celui des portes et fenêtres, ne court, à l'égard des contribuables qui ont cessé de résider dans la commune que du jour où ils ont eu connaissance de leur imposition au rôle. *(C. d'Et. 20 fév. 1846; 31 mars 1847; 20 juin 1855; 30 juin 1858; 12 déc. 1871; 7 août 1872; 24 déc. 1875.)*

456. — Mais des réclamations formées plus de trois mois après la connaisance acquise de l'imposition par un contribuable ayant quitté la commune avant le 1ᵉʳ janvier, ou par un héritier n'habitant pas la commune, sont irrecevables. *(C. d'Et. 27 fév. 1885; 8 mai 1901.)*

457. — Le contribuable imposé dans une commune où il n'est pas domicilié, qui n'a réclamé que plus de trois mois après la notification de la contrainte décernée contre lui, est déchu du droit de demander décharge. *(C. d'Et. 4 juill. 1845.)*

458. — En ce qui concerne les contributions foncières et des portes et fenêtres, le contribuable ayant toujours un représentant, le délai part du jour de la publication des rôles, alors même que le contribuable n'habiterait pas la commune. *(C. d'Et. 30 juill. 1880; 5 mars 1886; 24 juin 1887.)*

459. — Le délai court aussi du jour de la publication des rôles pour celui qui, bien qu'ayant quitté la commune avant le 1er janvier, y a conservé une habitation meublée à sa disposition. *(C. d'Et. 26 déc. 1885; 6 août 1886; 25 avr. 1891.)*

460. — Le contribuable, qui prétend avoir acquitté par erreur des contributions inscrites au nom d'un tiers, n'est pas recevable à former une demande en remboursement plus de trois mois après le jour de son paiement. *(C. d'Et. 12 mai 1899.)*

461. — De même, la demande en remboursement d'un prestataire qui a dû acquitter en argent partie de ses prestations après les avoir acquittées en nature, n'est pas recevable lorsqu'elle a été formée plus de trois mois après le second paiement. *(C. d'Et. 18 nov. 1899.)*

462. — Le délai pour demander décharge d'une contribution inscrite au nom d'un individu décédé antérieurement au 1er janvier, ne court :

1° à l'encontre de son héritier, que du jour où il a eu connaissance de l'imposition. *(C. d'Et. 10 déc.*

1875 ; 28 avr. 1876 ; 16 fév. 1878 ; 3 mai 1890 ; 14 mars 1896) ;

2° à l'encontre de la veuve à qui le paiement de cette contribution est réclamé, que du jour où elle a reçu sommation de payer, lorsque avant cette sommation elle n'a pas eu connaissance de la dite contribution. *(C. d'Et. 7 mars 1868 ; 16 fév. 1883.)*

463. — Mais, lorsque le décès est postérieur au 1ᵉʳ janvier, le délai court contre l'héritier à partir de la publication du rôle, alors même que cette publication n'a eu lieu qu'après le décès. *(C. d'Et. 26 janv. 1877 ; 9 mars 1900.)*

464. — Lorsque le rôle d'une contribution directe ou d'une taxe assimilée est publié avant le 1ᵉʳ janvier, le délai de réclamation court du 1ᵉʳ janvier et non du jour de la publication, notamment en matière de prestations en nature. *(C. d'Et. 27 avr. 1854 ; 15 nov. 1866 ; 14 mars 1879 ; 5 avr. et 10 mai 1895 ; 31 juill. 1896.)*

465. — Il a toujours été admis que le délai court seulement du jour où le contribuable a reçu un avertissement individuel, quand il y a incertitude sur la date de la publication des rôles dressés pour le recouvrement des contributions directes et de taxes assimilées, comme la taxe de pavage. *(C. d'Et. 24 fév. 1870 ; 4 juill. 1879.)*

466. — Il en est encore ainsi quand le rôle dressé pour le recouvrement de ces contributions ou taxes n'a pas été publié. *(C. d'Et. 29 déc. 1870 ; 16 mars 1883.)*

467. — Il en est de même quand le rôle n'a pas

été publié conformément à la loi, par exemple, lorsqu'il n'a été publié qu'à son de caisse au lieu de l'être par voie d'affiche. *(C. d'Et. 4 août 1868 ; 4 déc. 1874.)*

468. — En matière de taxes syndicales, un délai de quatre mois, à partir de la notification du premier rôle des taxes, est accordé par l'article 17 de la loi du 21 juin 1865, à tout propriétaire compris dans l'association syndicale à l'effet de contester, soit sa qualité d'associé, soit la validité de l'association. *(C. d'Et. 11 nov. 1901.)*

§ 8. — SUPPUTATION DU DÉLAI

469. — Le délai de réclamation est franc; par suite, le jour de la publication des rôles et celui de l'échéance ne sont pas comptés dans le délai fixé par l'article 8 de la loi du 4 août 1844 pour la présentation des demandes en décharge ou réduction; en conséquence, si le rôle a été publié le 2 mars, la réclamation faite le 3 juin est valable. *(C. d'Et. 9 juill. 1846.)*

470. — Par la même raison, si le rôle a été publié le 26 février, le délai a dû expirer le 27 mai et la demande formée le 31 n'est pas recevable. *(C. d'Et. 9 juill. 1846.)*

471. — Lorsque le dernier jour du délai de trois mois est un jour férié, le délai pour réclamer n'est pas prorogé au lendemain et il a été décidé qu'une réclamation présentée sur un rôle de patente publié le 24 janvier n'était pas recevable le 26 avril, bien que le 25, date de l'expiration du délai de trois mois, se trouvât être un dimanche, la loi du 13 avril 1895 modifiant l'article 1033 du Code civil n'étant pas applicable aux réclamations en matière de contributions directes. *(C. d'Et. 18 déc. 1901.)*

472. — Une réclamation adressée à la préfecture, par la poste, le dernier jour du délai pour former les réclamations, mais parvenue le lendemain seulement, est non recevable. *(C. d'Et. 1er déc. 1894.)*

473. — Mais une réclamation en matière de contribution est recevable, quand elle a été remise à la poste, sous pli recommandé, assez tôt pour parvenir à la préfecture avant l'expiration du délai légal, bien que, par suite de la fermeture des bureaux, à l'heure où elle aurait pu être remise, elle n'ait été enregistrée qu'après l'expiration de ce délai. *(C. d'Et. 5 mars 1886.)*

474. — Il est d'ailleurs certain qu'une réclamation enregistrée à la préfecture après le délai légal est recevable, lorsqu'il résulte de l'instruction qu'elle y est parvenue avant l'expiration de ce délai. *(C. d'Et. 28 fév. 1856; 24 mai 1895.)*

475. — Est non recevable une réclamation adressée au préfet avant l'expiration du délai légal, mais qui, par suite d'une circonstance imputable au réclamant (insuffisance de l'affranchissement par suite de laquelle la lettre avait été refusée et renvoyée à son auteur), n'a été enregistrée à la préfecture qu'après l'expiration de ce délai. *(C. d'Et. 3 janv. 1891; 12 nov. 1898.)*

476. — En règle générale, le maire n'a pas qualité pour recevoir les réclamations qui doivent être 'enregistrées à la préfecture, et, lorsqu'il s'est chargé de les transmettre et ne les a fait parvenir à leur destination qu'après l'expiration du délai légal, la déchéance est encourue. *(C. d'Et. 2 mars 1858.)*

477. — Bien qu'aucune disposition de loi n'ait dérogé à cette règle, pour la ville de Paris, les réclamations enregistrées dans les mairies de cette ville sont considérées comme recevables. *(C. d'Et. 11 déc. 1856; 18 mars 1892.)*

478. — La déchéance encourue par l'expiration du délai est définitive et le conseil de préfecture ne peut en relever. *(C. d'Et. 25 avr. 1845; 20 fév. 1846; 17 sept. 1854.)*

479. — Le Conseil d'Etat n'a pas plus de droit à cet égard, et la partie peut seulement se pourvoir devant le préfet pour obtenir, à titre de remise, le dégrèvement de la contribution à laquelle elle prétend avoir été injustement imposée. *(C. d'Et. 1er juin 1853.)*

§ 9. — ÉTENDUE DE LA RÉCLAMATION RELATIVEMENT AUX DÉLAIS.

480. — Les conclusions présentées dans les délais fixent les limites de la réclamation; celle-ci ne peut être étendue en dehors du délai légal. Mais, en général, le contribuable peut faire valoir après l'expiration du délai, à l'appui de sa demande, des moyens autres que ceux qu'il avait présentés dès le début. *(C. d'Et. 11 janv. 1901.)*

481. — En matière de contribution des portes et fenêtres, le contribuable peut, d'après les résultats de l'instruction, demander, après l'expiration du délai de trois mois, que l'impôt soit établi sur un nombre d'ouvertures inférieur à celui qu'il avait indiqué dans sa requête primitive. *(C. d'Et. 22 mai 1866.)*

482. — Lorsqu'une demande en décharge a été présentée dans le délai légal, une demande subsidiaire en réduction, présentée après l'expiration de ce délai, est recevable. *(C. d'Et. 26 juill. 1863 ; 30 oct. 1869 ; 7 nov. 1884 ; 8 nov. 1889 ; 17 déc. 1898.)*

483. — Mais une demande en décharge ne peut jamais être substituée à une demande en réduction après l'expiration du délai légal. *(C. d'Et. 29 janv. 1859 ; 30 déc. 1869 ; 28 juill. 1876 ; 12 juill. 1878 ; 18 avr. 1891 ; 22 mai et 22 juin 1895.)*

484. — Décidé également que le contribuable qui, dans les trois mois de la publication des rôles, a demandé la réduction de sa cote à une somme déterminée, n'est pas recevable après l'expiration de ce délai à demander au conseil de préfecture une réduction plus considérable. *(C. d'Et. 15 mars 1895.)*

485. — Une réclamation faite dans les délais légaux, aux termes de laquelle le contribuable demande la réduction de ses contributions, rend recevables des conclusions déposées après l'expiration de ces délais, et par lesquelles le contribuable sollicite la réduction de sa contribution des patentes. *(C. d'Et. 19 nov. 1897.)*

486. — Des conclusions, en réponse à l'avis du contrôleur sur la réclamation, qui constituent une demande nouvelle et sont présentées après l'expiration du délai légal, sont non recevables. *(C. d'Et. 14 juin 1895.)*

487. — Une demande d'exemption partielle, substituée à une demande en réduction de la valeur locative totale de l'immeuble, présentée plus de trois mois après la publication du rôle, n'est pas recevable. *(C. d'Et. 30 avr. 1897.)*

CHAPITRE III

Qualité pour faire la réclamation.

§ 1ᵉʳ. Principe. — Contribuable inscrit.
§ 2. Fermiers, locataires, acquéreurs.
§ 3. Tiers ayant payé pour le contribuable.
§ 4. Héritiers, femmes mariées, syndics, personnes morales.
§ 5. Mandat. — Loi du 13 juillet 1903.

§ 1. — PRINCIPE. — CONTRIBUABLE INSCRIT.

488. — En principe, le droit de demander décharge ou réduction n'appartient qu'au contribuable inscrit sur le rôle. *(C. d'Et. 15 mars 1844; 22 déc. 1863; 1ᵉʳ mars 1878.)*

489. — Et l'on ne peut réclamer pour un autre contribuable que si l'on justifie d'un mandat de celui-ci. *(C. d'Et. 3 août, 21 déc. 1894; 16 mars 1895.)*

490. — Par suite, la réclamation formée par un individu contre la contribution imposée au nom d'un autre n'est pas recevable si le réclamant ne justifie pas d'un mandat de celui-ci; et ce, alors même que ledit réclamant aurait été judiciairement condamné à acquitter la contribution dont il s'agit. *(C. d'Et. 22 janv. 1868.)*

491. — En cas de double imposition, le contribuable indûment imposé est seul recevable à réclamer. *(C. d'Et. 2 fév. 1894.)*

492. — Le contribuable qui, dans une commune, porte seul le nom inscrit au rôle, ne peut prétendre que la cote ne s'applique pas à lui, son prénom étant erroné, s'il est suffisamment désigné par les autres mentions. *(C. d'Et. 23 déc. 1898.)*

493. — La mention portée au rôle que la patente est inscrite au nom d'une personne par un de ses employés, désigné nominativement, ne peut faire considérer celui-ci comme un contribuable porté au rôle et l'obliger personnellement au paiement de la contribution. *(C. d'Et. 3 juill. 1885.)*

494. — Il a cependant été admis que cette mention donnait qualité au gérant ou au préposé pour réclamer au nom de ses patrons. *(C. d'Et. 8 nov. 1890; 28 fév. 1902.)*

495. — Un associé principal a qualité pour réclamer la réduction de la contribution des patentes imposées à ses co-associés. *(C. d'Et. 30 janv. 1892; 5 avr. 1895.)*

496. — Après la dissolution de la société, un associé n'a plus qualité pour représenter ses co-associés. *(C. d'Et. 15 avr. 1863; 8 juin 1877.)*

§ 2. — FERMIERS, LOCATAIRES, ACQUÉREURS.

497. — Le fermier n'a qualité pour réclamer contre l'imposition inscrite au nom du propriétaire qu'autant qu'il justifie d'un pouvoir spécial de celui-ci. Peu importe que le propriétaire soit intervenu sur le recours formé contre la décision du conseil de préfecture et se soit approprié la demande présentée dans son intérêt; la décision du conseil de préfecture qui aurait admis la réclamation du fermier seul serait toujours annulable. *(C. d'Et. 5 janv. 1858.)*

498. — De même que le fermier, le locataire n'a pas qualité pour réclamer la réduction de la contribution inscrite sous le nom du propriétaire. *(D. J. g., S. imp. dir., 212.)*

499. — Quand bien même il aurait payé cette contribution mise à sa charge par une clause du bail, ou qu'il aurait été désigné au percepteur par le propriétaire comme chargé d'acquitter en son nom les contributions directes, conformément à l'art. 6 de la loi du 4 août 1844, ainsi conçu : « Tout propriétaire ou usufruitier ayant plusieurs fermiers dans la même commune, et qui voudra les charger de payer, à son acquit, la contribution foncière des biens qu'ils tiennent à ferme ou à loyer, devra remettre au percepteur une déclaration indiquant sommairement la division de son revenu imposable entre lui et ses fermiers. Cette déclaration sera signée par le propriétaire et par les fermiers. » *(C. d'Et. 7 janv. 1857 ; 5 janv. 1858 ; 6 nov. 1885 ; 4 fév. 1887.)*

500. — Le principal locataire n'a pas qualité non plus pour se pourvoir, sans mandat, contre la contribution des portes et fenêtres inscrite au nom de son propriétaire. *(C. d'Et. 29 avr. 1898.)*

501. — N'est pas recevable également le recours

formé, sans mandat, par un principal locataire qui a payé la contribution foncière litigieuse, mais n'est pas inscrit au rôle. *(C. d'Et. 14 nov. 1896.)*

502. — En ce qui concerne les acquéreurs, sauf dans quelques cas exceptionnels, la jurisprudence du Conseil d'Etat avait décidé qu'ils avaient besoin d'un mandat pour réclamer contre la contribution inscrite au nom du vendeur.

503. — Ainsi, il avait été jugé que l'acquéreur d'un immeuble, antérieurement au 1er janvier, n'étant pas tenu du paiement de la contribution inscrite au nom d'un vendeur, ne pouvait, en l'absence d'un mandat, réclamer décharge de l'imposition à laquelle celui-ci a été imposé. *(C. d'Et. 1er déc. 1882 ; 7 fév. 1890 ; 20 juin 1891 ; 22 mars et 9 nov. 1895 ; 15 mai et 13 nov. 1896 ; 20 juill. 1900.)*

504. — Mais le Conseil d'Etat s'est écarté sur ce point de sa précédente manière de voir, et par un arrêt plus récent, il a décidé que le contribuable qui a acquis antérieurement au 1er janvier de l'année du litige un immeuble ayant donné lieu à une imposition dont il a acquitté les termes échus, a qualité, soit pour réclamer son inscription au rôle, soit pour demander la réduction de la contribution établie à raison de l'immeuble dont il s'agit, au nom de l'ancien propriétaire, et sa requête ne peut, dès lors, être rejetée comme irrecevable. *(C. d'Et. 4 nov. 1904.)*

505. — Décidé que l'acquéreur d'un immeuble postérieurement au 1er janvier n'est pas recevable à demander devant le Conseil de préfecture la réduction des contributions imposées au vendeur, alors qu'il ne justifie d'aucun mandat de ce dernier, et qu'à raison de la date d'acquisition, il ne saurait lui-même être imposé par voie de mutation de cote ou poursuivi directement. *(C. d'Et. 22 févr. 1895 ; 10 et 24 févr. 1899 ; Circ. Compt. pub. 15 mai 1888.)*

506. — L'acquéreur d'un immeuble n'est pas non plus recevable, en l'absence de mandat, à réclamer la décharge de l'imposition mobilière établie au nom de son vendeur. *(C. d'Et. 20 nov. 1897.)*

507. — La clause insérée dans un cahier des charges d'adjudication, d'après laquelle l'acquéreur d'un immeuble sera tenu, à partir de son entrée en jouissance, des contributions de toute nature afférentes à cet immeuble, ne constitue pas un mandat autorisant celui qui est devenu propriétaire dans le cours de l'année à réclamer, par la voie contentieuse décharge des contributions inscrites au nom de son vendeur. *(C. d'Et. 3 déc. 1880 ; 5 avr. 1889 ; 12 fév. 1892 ; 6 mai 1898.)*

508. — Le fait qu'une propriété est devenue indivise entre plusieurs contribuables n'autorise pas, en l'absence de mandat, un des co-propriétaires à réclamer contre l'imposition inscrite au nom d'autres personnes. *(C. d'Et. 6 nov. 1896.)*

509. — L'acquéreur d'un immeuble n'a pas qualité pour réclamer en ce qui concerne les impositions des portes et fenêtres de son vendeur pour lesquelles il n'a pas demandé la mutation de cote. *(C. d'Et. 29 avr. 1898.)*

510. — Le concessionnaire d'un établissement est sans qualité pour demander décharge de la patente portée au nom de son prédécesseur, même en prétextant qu'à son égard cette patente ferait double emploi avec celle qui lui a été nominativement imposée et quand bien même il l'aurait acquittée de ses deniers. *(C. d'Et. 7 févr. 1845 ; 23 juin 1846 ; 25 mai 1861 ; 11 mai 1888.)*

511. — Alors qu'il n'a été ni poursuivi ni contraint au paiement de ladite contribution. *(C. d'Et. 21 janv. 1898.)*

§ 3. — TIERS AYANT PAYÉ POUR LE CONTRIBUABLE

512. — Si le contribuable seul peut demander réduction ou décharge devant le conseil de préfecture, c'est parce qu'il est réputé seul intéressé à obtenir la réduction ou la décharge, étant seul tenu de payer la somme imposée. Aussi la jurisprudence déroge-t-elle à cette règle toutes les fois que le réclamant se trouverait tenu de payer la cotisation aux lieu et place de celui qui est imposé. *(D. J. g., S. pat., 744.)*

513. — Ainsi, l'individu qui, sur la mise en demeure du percepteur, a acquitté la taxe de patente inscrite au nom de son commis, a qualité pour demander décharge de cette taxe au nom du contribuable inscrit. *(C. d'Et. 19 févr. 1863 ; 4 août 1868 ; 28 janv. 1869 ; 7 nov. 1884.)*

514. — Celui qui a payé, à la suite d'une contrainte décernée contre lui, le montant d'une contribution inscrite au nom d'un tiers, est recevable et fondé à en demander le remboursement au conseil de préfecture. *(C. d'Et. 29 févr. 1890.)*

515. — L'individu qui n'a payé une contribution inscrite au nom d'un tiers que sur la mise en demeure de l'acquitter, est recevable à demander à la juridiction contentieuse de déclarer que cette imposition ne lui est pas applicable et, par suite, d'ordonner le remboursement de la somme payée. *(C. d'Et. 13 avr. 1867 ; 16 avr. 1886 ; 6 janv. 1894.)*

516. — Au contraire, celui qui acquitte volontairement, c'est-à-dire sans y être contraint et forcé par des poursuites dirigées personnellement contre lui, la contribution d'un tiers, n'est pas recevable à réclamer le remboursement de ce qu'il a indûment payé. *(C. d'Et. 22 janv. 1886 ; 11 mars 1898 ; 28 déc. 1901. — Deux arrêts.)*

517. — Le représentant d'une socité qui, sur les poursuites exercées nominativement contre celle-ci, et pour empêcher les conséquences d'une saisie de meubles lui appartenant personnellement à raison d'une cession à lui faite par la société, a volontairement payé les contributions imposées au nom de la société, n'est pas fondé à demander le remboursement des sommes ainsi payées, comme y ayant été contraint. *(C. d'Et. 15 févr. 1905.)*

518. — Le fait qu'une sommation sans frais d'avoir à payer les impôts inscrits au nom d'un contribuable a été adresé par erreur à un tiers ne peut avoir pour effet de rendre celui-ci responsable du paiement de ces contributions, et, par suite, en l'absence de tout mandat, il n'est pas recevable à demander au nom du contribuable décharge des dites contributions. *(C. d'Et. 17 déc. 1900.)*

519. — Lorsqu'une contrainte décernée par le percepteur contre un contribuable pour le paiement d'une contribution a été signifiée à un tiers par le porteur de contraintes, ce tiers n'est pas recevable à demander en son nom personnel décharge de cette contribution. *(C. d'Et. 28 janv. 1899.)*

520. — Décidé également qu'un propriétaire qui n'a pas été personnellement l'objet de poursuites en paiement des contributions imposées à son locataire, ne peut se prévaloir pour demander, au nom du locataire, décharge de ces contributions, de ce qu'en fait le commissaire-priseur a payé les dites contributions sur le produit de la vente des meubles saisis. *(C. d'Et. 16 juill. 1886; 31 oct. 1890.)*

521. — Un propriétaire, qui a payé volontairement et sans qu'aucune poursuite ait été exercée contre lui par le percepteur les contributions établies au nom d'un locataire déménagé antérieurement au 1ᵉʳ janvier, et dont, par suite, il n'était pas responsable, n'a pas qualité pour réclamer au nom de son ancien locataire décharge de ces contributions. *(C. d'Et. 28 janv. 1887.)*

522. — Jugé, dans le même sens, qu'un propriétaire est non recevable à réclamer décharge de la contribution d'un locataire dont il détient le mobilier, lorsqu'aucune poursuite n'a été dirigée contre lui en vertu du privilège conféré au Trésor par la loi du 12 novembre 1808. *(C. d'Et. 22 janv. 1886.)*

523. — De même un propriétaire qui, à la suite de poursuites intentées contre son locataire pour le paiement de ses contributions (mobilière et des patentes) et sans qu'aucune contrainte ait été donnée contre lui, a payé ces contributions pour éviter qu'il ne fût donné suite à la saisie des meubles garnissant les lieux loués, parmi lesquels se trouvait un matériel appartenant audit propriétaire, n'est pas fondé à se prévaloir de cette circonstance pour soutenir qu'il a été contraint de payer à l'acquit du contribuable et à réclamer le remboursement de la somme qu'il a ainsi versée volontairement. *(C. d'Et. 22 nov. 1890.)*

523 bis. — Lorsqu'un propriétaire s'est mis en possession des meubles de son locataire, le percepteur n'est pas autorisé, pour avoir paiement des contributions dues par celui-ci, à poursuivre personnellement le propriétaire comme responsable, en qualité de détenteur du mobilier appartenant audit locataire.

524. — Un propriétaire, qui a spontanément acquitté une contribution imposée à son locataire, n'est pas fondé à demander à la juridiction administrative le remboursement de la somme qu'il a ainsi payée, sauf à saisir la juridiction compétente de toute demande en remboursement qu'il se croirait fondé à former contre des tiers. *(C. d'Et. 13 nov. 1897 ; 18 mars 1899.)*

525. — Il a été jugé que, lorsque les meubles d'un contribuable ont été vendus, après saisie, par un huissier qui a effectué entre les mains du percepteur le paiement de la patente, le propriétaire n'avait pas qualité pour demander, sans mandat et à titre de créancier, décharge de cette contribution, alors que le paiement n'avait pas eu lieu sur des poursuites exercées contre lui. *(C. d'Et. 27 mai 1892; 4 févr. 1899.)*

526. — Mais par un arrêt plus récent et plus conforme, semble-t-il, aux termes de l'art. 28 de la loi du 15 juillet 1880, modifié par la loi du 8 août 1890, qui édicte que la décharge peut, en cas de faillite, être prononcée à la requête des parties intéressées, le Conseil d'Etat a déclaré que le propriétaire d'un patentable en faillite, dont les meubles ont été vendus par suite de saisie, et dont les impositions ont été prélevées, par le percepteur, sur le produit de la vente en vertu du privilège du Trésor, est recevable à réclamer, sans mandat et à titre de créancier, la décharge des douzièmes de la patente à échoir à partir du jugement déclaratif de faillite. *(C. d'Et. 1ᵉʳ juin 1900.)*

527. — Quand un commissaire-priseur a, sur les deniers provenant de la vente d'objets saisis à la requête du propriétaire, payé les contributions du locataire saisi, ce propriétaire n'a pas qualité pour demander au conseil de préfecture le remboursement des sommes ainsi payées en se fondant sur ce que la contribution aurait été indûment imposée. *(C. d'Et. 4 juill. 1879 ; 14 mai 1886.)*

528. — Par contre, lorsqu'un propriétaire a fait procéder à la saisie et à la vente du mobilier et du matériel appartenant à son locataire, et que la somme ainsi obtenue est insuffisante pour couvrir le montant de sa créance, il a intérêt et qualité pour réclamer contre l'imposition de son locataire à un droit de patente, que le percepteur, en vertu du privilège concédé au Trésor par la loi du 12 novembre 1808, serait en droit de prélever sur le produit de la vente du mobilier et du matériel qui forme le gage du propriétaire. *(C. d'Et. 22 mai 1874 ; 14 mars 1884 ; 14 mai 1886.)*

529. — Celui qui a acquis une maison au cours de l'année et qui a payé, sans qu'aucune contrainte ait été exercée contre lui, les contributions inscrites au nom de son vendeur seul imposé au rôle et contre lequel seul des poursuites étaient dirigées, n'est pas fondé à réclamer devant le Conseil de préfecture le remboursement des sommes qu'il a ainsi payées volontairement. *(C. d'Et. 7 mars 1896.)*

530. — L'acquéreur d'une partie d'un immeuble, bien qu'il ait payé la taxe afférente à cet immeuble, est sans qualité pour demander, en l'absence de mandat, réduction de la contribution foncière inscrite au nom du vendeur, alors que les pour-

suites ont été dirigées contre ce dernier et qu'il
n'a pas demandé la mutation de cote. *(C. d'Et.
11 févr. 1903.)*

§ 4. — HÉRITIERS, FEMMES MARIÉES, SYNDICS, PERSONNES MORALES

531. — La contribution étant due pour l'année
entière forme une dette de la succession et l'art.
21 de la loi du 21 avril 1832 ne fait qu'appliquer
un principe général en disposant que lorsqu'un
contribuable viendra à décéder en cours d'année,
ses héritiers seront tenus d'acquitter le montant
de sa contribution mobilière. *(C. d'Et. 15 mars
1872 ; 4 avr. et 30 mai 1873 ; 21 févr. 1890.)*

531 bis. — L'art. 4 du règlement du 21 décembre
1839 est plus général et va au-delà de l'art. 21 de
la loi du 21 avril 1832. Il est ainsi conçu : « Les
héritiers ou légataires peuvent être poursuivis soli-
dairement, et un pour tous, à raison des contributions de ceux dont ils ont hérité ou auxquels ils
ont succédé, tant que la mutation n'a pas été opérée sur le rôle. »

532. — Un héritier, étant donc tenu des dettes de
la succession et notamment des contributions, à
qualité pour former une réclamation an nom de
la succession. *(C. d'Et. 19 nov. 1898.)*

532 bis. — Il en est de même d'une veuve qui n'a
pas continué pour son compte, après la mort de son
mari, l'exercice de la profession pour laquelle il

était imposé à la patente et qui n'est pas héritière de son mari. La jurisprudence lui reconnaît qualité pour demander réduction de la patente, en raison de la cession de l'établissement, lorsqu'il résulte de l'instruction qu'elle était propriétaire de la plus grande partie de cet établissement. *(C. d'Et. 1er juillet 1887.)*

533. — Mais l'héritier du contribuable inscrit au rôle pour un immeuble n'est pas fondé à demander décharge de l'imposition afférente à cet immeuble, alors que ni lui ni ses auteurs n'ont fait aucune des désignations exigées pour qu'une mutation de cote puisse être opérée. *(C. d'Et. 8 mai 1901 ; 26 février 1904.)*

534. — Un mari, commun en biens, a qualité pour former, sans mandat, au nom de sa femme, un recours en matière de patente. *(C. d'Et. 10 juill. 1893.)*

535. — Il peut de même, sans mandat spécial, réclamer contre une contribution imposée au nom de sa femme à une époque antérieure à son mariage. *(C. d'Et. 12 mars 1886.)*

536. — Quant à la femme séparée de biens, elle peut réclamer devant le Conseil de préfecture sans l'autorisation de son mari. *(C. d'Et. 23 mai 1860.)*

537. Le mari n'a pas qualité, en l'absence de tout mandat, pour demander décharge de la contribution due par sa femme séparée de biens. *(C. d'Et. 8 janv. 1875.)*

538. En principe, le syndic ayant seul qualité pour demander décharge de la contribution directe au nom du failli, celui-ci ne peut se pourvoir contre un arrêté rendu sur une réclamation de son syndic. *(C. d'Et. 28 janvier 1898.)*

539. — Toutefois, les contributions directes imposées à un failli postérieurement à la faillite constituant pour lui des dettes personnelles dont l'exécution ne peut être poursuivie sur l'actif de la faillite, le syndic est sans qualité pour en demander décharge au nom de la masse des créanciers. *(C. d'Et. 1er mars 1878 ; 12 août 1879 ; S. 81-3-11 ; C. d'Et. 30 juill. 1880 ; 9 avr. 1886 ; S. 88-3-5.)*

540. — Dans le cas où un syndic mis en demeure d'acquitter une contribution postérieure à la faillite, a payé pour éviter des poursuites, il peut demander non la décharge de la taxe au nom du contribuable, mais le remboursement des sommes qu'il a été obligé de payer indûment au nom de la masse des créanciers. *(C. d'Et. 28 février 1870 ; 19 nov. 1880.)*

541. — Les personnes morales sont représentées, en matière de contributions, par ceux à qui le droit d'agir en leur nom est attribué par les règles générales de la législation.

542. — Le chef du contentieux d'une compagnie de chemin de fer ou l'ingénieur de la voie n'a pas qualité pour réclamer, sans mandat du conseil d'administration de la compagnie. La réclamation devrait être signée par le président du conseil d'administration ou par le directeur. *(C. d'Et. 18 déc. 1897.)*

543. — Le représentant d'une compagnie d'assurances n'a pas qualité pour demander, sans mandat, la décharge des impositions inscrites au nom de cette société, alors qu'aucune poursuite n'a été dirigée contre lui personnellement. (*C. d'Et. 3 févr. 1899.*)

544. — Le directeur d'un asile départemental d'aliénés n'a pas qualité pour demander réduction des contributions afférentes à cet établissement, inscrites au rôle au nom du département et pour le recouvrement desquelles il n'a pas été personnellement poursuivi. (*C. d'Et. 18 janv. 1895.*)

545. — Le préfet ayant seul qualité pour agir au nom du département, c'est à lui et non au directeur d'une école normale primaire, qu'il appartient de réclamer contre les contributions auxquelles l'école a été imposée au nom du département. (*C. d'Et. 26 mai 1863.*)

546. — De même encore, c'est le maire qui, en principe, a seul qualité pour agir au nom de la commune.

§ 5. — MANDAT. — LOI DU 13 JUILLET 1903

547. — Tout contribuable qui veut réclamer contre sa contribution peut donner, à un tiers, mandat de le représenter, soit devant le conseil de préfecture, soit devant le Conseil d'Etat.

548. — Le mandat donné devant notaire de régir, gérer et administrer tous les biens d'un propriétaire confère un pouvoir suffisant pour réclamer devant le conseil de préfecture, et en appel devant le Conseil d'Etat, contre une contribution imposée à un immeuble appartenant au mandant. *(C. d'Et. 20 mars 1875 ; 2 févr. 1895.)*

549. — Mais l'administrateur des biens du réclamant ou son régisseur n'est pas recevable à réclamer sans un mandat spécial. *(C. d'Et. 29 juill. 1881 ; 3 août 1894.)*

550. — Le Conseil d'Etat a fréquemment décidé que des relations de famille ou d'affaires ne dispensaient pas le signataire de la réclamation de fournir un mandat spécial ; ainsi, le père n'a pas qualité pour réclamer, au nom de sa fille, la décharge de la contribution personnelle de celle-ci, lorsqu'elle a atteint sa majorité ; ni le frère, au nom de sa sœur décédée, s'il n'a pas de mandat et s'il ne justifie pas avoir qualité à un autre titre. *(C. d'Et. 31 juill. 1833 ; 1ᵉʳ déc. 1882.)*

551. — Le Conseil d'Etat a néanmoins déclaré recevable la réclamation présentée par un père, muni d'un mandat verbal, alors surtout que le fils a confirmé ultérieurement le mandat donné, en adressant lui-même une requête à cette juridiction. *(C. d'Et. 14 mai 1898.)*

552. — Il avait été décidé qu'un avoué ne pouvait, en sa seule qualité d'avoué, et sans être muni d'un pouvoir spécial et régulier, former, au nom d'un contribuable, une demande en décharge ou réduction de contributions. *(C. d'Et. 11 janv. 1853 ; 22 juin 1858 ; 2 mars 1888.)*

553. — Mais cette dernière solution ne paraît

plus applicable aujourd'hui devant le conseil de préfecture, en présence de l'art. 8 de la loi du 22 juillet 1889 sur la procédure à suivre devant les conseils de préfecture d'après lequel les avoués sont dispensés de produire un mandat devant cette juridiction, lorsqu'ils exercent leur profession dans le département. (*D. J. g. s. imp. dir. 208.*)

554. — Un notaire, en l'absence de tout mandat, est sans qualité pour demander décharge d'une contribution directe au nom du contribuable. (*C. d'Et. 3 mai 1901.*)

555. — Le maire n' a pas qualité pour présenter, d'office et sans mandat, au nom d'un contribuable absent, une demande en décharge de contributions directes. (*C. d'Et. 13 févr. 1856 ; 6 mai 1863 ; 24 juill. 1885.*)

555 bis. — Le mandat donné par un contribuable d'agir en son nom devant le conseil de préfecture, n'implique pas, pour celui qui l'a reçu, le pouvoir de se substituer un autre mandataire, si la procuration ne renferme pas expressément cette faculté. (*C. d'Et. 8 févr. 1890 ; S. 92-3-64.*)

556. — Antérieurement à la loi du 13 juillet 1903, la procuration donnée par un contribuable à un particulier, à l'effet de former et soutenir en son nom une réclamation en matière de contributions directes, timbrée lorsque la cote objet de cette réclamation était supérieure à 30 francs, n'était jamais soumise aux droits d'enregistrement. *(V. not. C. d'Et. 21 fév. 1879; 9 mai 1896; 11 fév. 1898; 13 janv. et 17 fév. 1899.)*

557. — Le mandataire n'était même pas tenu sous peine de non-recevabilité de justifier de son pouvoir dans sa requête même; cette justification pouvait être utilement faite tant que la décision du conseil de préfecture n'était pas intervenue et même devant le conseil d'Etat. *(C. d'Et. 21 fév. 1855; 3 juill. 1896; 3 déc. 1897.)*

558. — L'ensemble de cette jurisprudence était basée sur les termes de l'article 28 de la loi du 21 avril 1832, modifié successivement par l'article 12 de la loi du 6 décembre 1897 et l'article 6 de la loi du 11 décembre 1902.

559. — Mais ces dispositions ont été abrogées par l'article 17 de la loi du 13 juillet 1903 dont le paragraphe 5, auquel il y a lieu de se conformer aujourd'hui, est ainsi conçu : « Nul n'est admis à introduire ou à soutenir une réclamation pour autrui s'il ne justifie d'un mandat régulier. Le mandat doit être, à peine de nullité, écrit sur papier timbré et enregistré, à moins que la demande à laquelle il s'applique n'ait pour objet une cote inférieure à 30 francs; il doit, sous la même sanction, être produit en même temps que la réclamation lorsque celle-ci est introduite par le mandataire. »

560. — Il résulte de ce texte que la procuration donnée à un tiers en vue de présenter ou de soutenir une réclamation en matière de contributions directes, doit, sous peine de non-recevabilité, être rédigée sur papier timbré et soumise à l'enregistrement toutes les fois que la réclamation a pour objet une cote de 30 francs et au-dessus. ·

561. — Si la cote en litige est inférieure à 30 francs, la procuration, dispensée dans ce cas du droit d'enregistrement, peut être écrite sur papier libre.

562. — Il faut également retenir des dispositions de la loi du 13 juillet 1903 l'obligation imposée à tout mandataire de justifier de son pouvoir, au moment même de la requête, et cela sous peine de rejet pur et simple de la demande.

563. — Si le mandat produit par le signataire de la réclamation n'émane pas du contribuable imposé, mais bien d'un tiers ne justifiant lui-même, au dépôt de la demande, d'aucune procuration de ce contribuable l'autorisant à demander la réduction de ses contributions, la réclamation doit être rejetée. *(C. d'Et. 8 nov. 1905.)*

CHAPITRE IV

Instruction et jugement des réclamations.

§ 1er. Instruction préliminaire : 1° *communication aux répartiteurs* ; 2° *communication du dossier au réclamant en cas de rejet.*

§ 2. Expertise : 1° *caractère obligatoire de l'expertise* ; 2° *délai de la demande d'expertise* ; 3° *formes et opérations de l'expertise* ; 4° *frais de l'expertise.*

§ 3. Instruction devant le conseil de préfecture.

§ 4. Jugement des réclamations et notification des arrêts.

§ 5. Recours contre les arrêtés par voies d'opposition ou tierce opposition.

§ 1er. — INSTRUCTION PRÉLIMINAIRE

1° *Communication aux répartiteurs.*

564. — Aux termes de l'article 29 de la loi du 21 avril 1832, la demande en décharge ou réduction, transmise par le préfet au directeur des contributions directes, est renvoyée au contrôleur qui vérifie les faits et donne son avis après avoir pris celui des répartiteurs, s'il s'agit d'un impôt de répartition. *(D. J. g., S. imp. dir., 224.)*

565. — Les répartiteurs doivent, à peine de nullité de la décision à intervenir, être appelés à donner leur avis sur les réclamations en matière d'impôt de répartition. *(C. d'Et. 2 juill. 1886; 23 nov. 1894.)*

566. — En conséquence, un arrêté du conseil de préfecture rendu en cette matière doit être annulé lorsque le maire seul a signé l'avis sur la réclamation. *(C. d'Et. 23 nov. 1894. — Arrêt précité.)*

567. — En matière d'impôt de quotité, les répartiteurs ne sont pas consultés. La loi du 8 août 1885, qui prescrit l'évaluation des propriétés bâties, n'ayant pas exigé que ces évaluations fussent soumises aux répartiteurs, leur avis n'est pas obligatoire pour les évaluations effectuées en vertu de cette loi. *(V. not. C. d'Et. 16 mars 1894; 22 fév. 1895; 15 janv. 1898.)*

568. — Aux termes de l'article 23 de la loi du 3 frimaire an VII, les répartiteurs présents doivent être au nombre de cinq au moins pour délibérer et donner leur avis; c'est là une condition nécessaire; par suite, est entachée d'une nullité radicale la décision prononcée par un conseil de préfecture sur le vu d'un avis signé seulement de deux, de trois ou de quatre répartiteurs. *(C. d'Et. 7 juin 1855; 21 nov. 1891; 2 déc. 1893; 19 mars 1898.)*

569. — Un contribuable ne peut récuser, pour cause de suspicion légitime, la commission de répartition qui ne serait composée que « de ses ennemis » et demander que sa réclamation soit examinée par dix autres contribuables choisis par l'administration. *(C. d'Et. 1er avr. 1898.)*

2° Communication du dossier au réclamant en cas de rejet.

570. — L'article 13 de la loi du 6 décembre 1897 permet au directeur de prononcer le dégrèvement si l'avis du maire et des répartiteurs, et le sien, sont favorables à la réclamation.

571. — Si le directeur est d'avis que la réclamation doit être repoussée en totalité ou en partie, l'article 29 de la loi du 21 avril 1832 exige qu'il transmette le dossier à la sous-préfecture et invite le réclamant à en prendre communication et à faire connaître s'il veut fournir de nouvelles observations ou recourir à la vérification par experts, c'est-à-dire demander l'expertise.

572. — Dans le cas où l'avis du directeur est contraire à la réclamation, le conseil de préfecture est tenu, à peine de nullité de la décision à intervenir, de communiquer cet avis au réclamant. *(V. not. C. d'Et. 9 mai 1879 ; 20 mars 1885 ; 11 nov. 1893; 18 janv. 1895; 16 déc. 1898.)*

573. — La sous-préfecture, à laquelle le dossier doit être renvoyé par le directeur pour que la communication puisse en être faite au réclamant, est évidemment celle dans l'arrondissement de laquelle a été émis le rôle qui donne lieu à la réclamation. *(C. d'Et. 31 juill. 1867.)*

574. — Alors même qu'un contribuable déclare élire domicile chez un mandataire chargé de former en son nom une demande en décharge ou réduction, l'administration n'est pas tenue de faire au domicile élu et peut valablement faire au domicile réel du réclamant les notifications mentionnées ci-dessus prescrites par l'article 29 de la loi du 21 avril 1832. *(C. d'Et. 18 mars 1857; 17 déc. 1880 ; 9 nov. 1883.)*

575. — L'avertissement donné au contribuable du dépôt du dossier à la sous-préfecture peut être régulièrement constaté par un bordereau signé du maire. *(C. d'Et. 30 oct. 1896.)*

576. — Quand le dossier est resté déposé moins de dix jours, à compter du jour où le contribuable a été informé du dépôt, ou que l'arrêté a été rendu moins de dix jours après ce dépôt, cet arrêté doit être annulé. *(C. d'Et. 7 août 1856; 15 nov. 1895.)*

577. — Dans le cas où, des pièces produites devant le conseil d'Etat, il résulte que la lettre d'avis du dépôt du dossier de la réclamation d'un contribuable n'est pas parvenue à l'intéressé, qui n'a pu prendre connaissance des conclusions du directeur des contributions directes, il y a lieu d'annuler l'arrêté du conseil de préfecture comme intervenu sur une procédure irrégulière. *(C. d'Et. 7 janv. 1903.)*

§ 2. — EXPERTISE.

1° *Caractère obligatoire de l'expertise.*

578. — L'expertise, en matière de contributions directes, consiste dans la vérification des éléments ayant servi à établir la cote, et, quand il s'agit d'un impôt de répartition, dans la comparaison du revenu de la cote du réclamant et des autres cotes prises pour termes de comparaison. *(D. J. g., S. imp. dir., 237.)*

579. — Le caractère principal de l'expertise est d'être obligatoire lorsqu'elle est demandée en temps utile par le réclamant.

580. — Le droit à l'expertise s'applique à toutes les taxes assimilées aux contributions directes. *(V. not. C. d'Et. 19 janv. 1868; 19 mai 1876; 30 nov. 1883.)*

581. — Ainsi, la décision du conseil de préfecture est frappée de nullité quand l'expertise, demandée en temps utile par le contribuable, n'a pas eu lieu; on doit renvoyer le réclamant devant le même conseil de préfecture pour que, après l'expertise, il soit statué à nouveau ce qu'il appartiendra. *(V. not. C. d'Et. 10 fév. 1894; 28 juin 1895; 1ᵉʳ fév. 1896; 30 oct. 1897; 17 déc. 1898.)*

582. — Néanmoins, un conseil de préfecture peut, sans commettre de nullité, s'abstenir de faire procéder à l'expertise régulièrement demandée, quand il fonde sa décision sur les faits mêmes qui sont articulés par le réclamant, ou encore lorsque les faits allégués par le contribuable ne sont pas contestés par l'administration et que le point à juger est une question de droit. *(C. d'Et. 22 avr. 1857; S., 58, 2, 224; C. d'Et. 4 nov. 1887; 4 mai 1894; 18 janv. et 24 mai 1895.)*

583. — De même, le conseil de préfecture peut passer outre à la demande d'expertise dans le cas où la réclamation est formée tardivement et où le réclamant n'articule aucun fait de nature à lui éviter l'application de la déchéance. *(C. d'Et. 14 mars 1884; 29 janv. 1886.)*

584. — D'autre part, l'expertise n'est obligatoire que si elle a été demandée par le contribuable. Ainsi, lorsque le réclamant, mis en demeure, conformément à l'article 29 de la loi du 21 avril 1832, de recourir à la vérification par voie d'expert, s'y est refusé, le conseil de préfecture qui statue sans ordonner l'expertise procède régulièrement. *(V. not. C. d'Et. 22 mai 1840; 26 avr. 1895; 13 mars 1896; 2 avr. 1897.)*

585. — Lorsque dans sa réclamation primitive, un contribuable avait demandé une expertise pour le cas où l'administration proposerait le rejet total ou partiel de sa réclamation, mais qu'il a été ensuite mis en demeure de faire connaître si l'expertise devait avoir lieu, s'il devait y être procédé par un seul ou par trois experts et, dans ce dernier cas, de désigner son expert, et qu'il n'a pas répondu à cette mise en demeure, le conseil de préfecture peut statuer régulièrement sans procéder à l'expertise. *(C. d'Et. 6 juill. 1900.)*

586. — Le conseil de préfecture n'est pas tenu, non plus, d'ordonner l'expertise dans le cas où le contribuable garde le silence à cet égard. *(C. d'Et. 28 juin 1895 ; 13 mars et 13 mai 1896 ; 2 avr. 1897.)*

587. — Si le contribuable, régulièrement mis en demeure de désigner son expert, a négligé de faire cette désignation, il appartient au conseil de préfecture de statuer immédiatement au fond. *(C. d'Et. 22 juill. 1901.)*

588. — Il faut que le contribuable demande réellement une expertise ; s'il se bornait à déclarer dans sa réclamation qu'une « enquête » démontrera l'exactitude de ses affirmations, il ne pourrait être considéré comme ayant demandé l'expertise. *(C. d'Et. 22 mai 1885.)*

588 bis. — Un réclamant ne doit pas non plus être considéré comme ayant demandé l'expertise quand, dans sa pétition, il a fait une simple allusion à l'expertise, sans demander cette mesure d'instruction ; ou bien quand, dans les dix jours de l'avis du dépôt du dossier à la sous-préfecture, il s'est borné à se réserver la faculté de réclamer éventuellement l'expertise. *(C. d'Et. 10 mai 1895 ; 26 nov. 1898 ; 15 mars et 20 juin 1902.)*

589. — Mais la désignation de son expert faite par le réclamant indique suffisamment son intention de recourir à une vérification par voie d'experts et constitue une demande implicite et suffisante d'expertise. *(C. d'Et. 15 nov. 1866 ; 9 juin 1868 ; S. 69-2-192.)*

2° *Délai de la demande d'expertise*

590. — Le délai pour formuler la demande d'expertise est déterminé par l'art. 29 de la loi du 21 avr. 1832, aux termes duquel le réclamant est tenu de faire connaître, dans les dix jours du dépôt du dossier à la sous-préfecture, s'il veut fournir de nouvelles observations ou recourir à l'expertise.

591. — Ce délai ne commence à courir qu'après l'avis du dépôt du dossier à la sous-préfecture, mais il est de rigueur et le contribuable qui ne l'observe pas encourt la déchéance. (*V. not. C. d'Et. 26 août 1846 ; 28 avr. 1894 ; 14 nov. 1896.*)

592. —Ainsi le conseil de préfecture n'est pas tenu d'ordonner l'expertise demandée par la femme, plus de dix jours après l'avis donné au mari du dépôt du dossier à la sous-préfecture. (*C. d'Et. 10 mai 1895.*)

593. — Le contribuable peut aussi, dans sa demande en décharge ou en réduction, déclarer par anticipation qu'il entend, au cas de non admission de sa réclamation, avoir recours à l'expertise, et c'est à tort que le conseil de préfecture ne ferait droit à cette déclaration que dans le cas où elle aurait été renouvelée après communication de l'avis du directeur. (*V. not. C. d'Et. 26 juill. 1854 ; 13 nov. 1896 ; 21 janv. 1898.*)

594. — Mais le contribuable qui, devant le conseil de préfecture, n'a pas usé de la faculté de demander l'expertise, n'est pas recevable à la demander devant le Conseil d'Etat. (*V. not. C. d'Et. 19 avr. 1854 ; 4 juin 1867 ; 13 janv. 1888 ; 2 fév. et 25 mai 1894 ; 26 janv. et 16 nov. 1895 ; 7 fév. 1896 ; 23 déc. 1898 ; 13 janv. 1899.*)

595. — Si, d'une part, la demande d'expertise, régulièrement faite par le réclamant, est obligatoire, le conseil de préfecture conserve, d'autre part, la faculté de l'ordonner, même après le délai et en l'absence de toute demande du contribuable, si elle lui paraît nécessaire ou utile. *(C. d'Et. 22 janv. 1864 ; S. 64-2-278 ; C. d'Et. 19 mai 1882 ; 25 fév. 1892 ; 23 févr. 1895.)*

3° *Formes et opérations de l'expertise*

596. — En matière soit de contributions directes soit de taxes assimilées aux contributions directes pour le recouvrement et dont l'assiette et la répartition sont confiées à l'administration des contributions directes, toute expertise demandée par un contribuable en réclamation ou ordonnée d'office par le conseil de préfecture, est faite par trois experts, à moins que les parties ne consentent qu'il y soit procédé par un seul. *(L. 17 juill. 1895, art. 16, § 1er.)*

597. — Dans ce dernier cas, l'expert est nommé par le conseil de préfecture. Si l'expertise est confiée à trois experts, l'un d'eux est nommé par ce conseil et chacune des parties est appelée à nommer le sien. *(L. 17 juill. 1895, art. 16, § 2.)*

598. — Les parties ont le droit, dans certains cas, de récuser les experts, et il appartenait autrefois au conseil de préfecture et non au préfet de prononcer sur la récusation proposée par l'administration de l'expert du réclamant et de désigner d'office un expert en cas de refus par le réclamant de remplacer l'expert récusé. *(C. d'Et. 31 août 1871 ; 14 févr. 1872 ; 5 déc. 1873 ; 1er mai 1874.)*

599. — Mais il a été décidé, plus récemment, qu'en matière de contributions directes, c'est le préfet qui peut, seul, devant le conseil de préfecture, proposer la récusation d'un expert désigné par un contribuable, et que, par suite, l'arrêté par lequel le conseil de préfecture, sur les conclusions prises par le directeur des contributions directes, qui n'avait pas qualité à cet effet, prononce la récusation de l'expert, doit être annulé. *(C. d'Et. 2 déc. 1899 ; 15 févr. 1902.)*

600. — En ce qui concerne l'expert de l'administration, il a été jugé qu'aucune disposition de loi ne s'oppose à ce que cet expert soit par exemple : un vérificateur des poids et mesures, un agent-voyer, un conseiller municipal, un secrétaire de mairie, un conducteur des ponts et chaussées ou un instituteur public. *(C. d'Et. 5 oct. 1857 ; 14 juin 1861 ; 18 juill. 1873 ; 8 août 1884 ; 9 déc. 1887 ; 26 oct. 1895.)*

601. — Un arrêt plus récent déclarant faire application de l'art. 17 de la loi du 22 juill. 1889 et de l'art. 16 de la loi du 17 juill. 1895, a décidé qu'aucun texte de loi n'interdisait au conseil de préfecture de désigner comme troisième expert un fonctionnaire qui n'avait pas donné son avis et qui appartenait à un service étranger à l'instance. *(C. d'Et. 8 juill. 1899.)*

602. — Le contrôleur et l'expert de l'administration qui ont pris part à l'expertise réclamée pour une année peuvent être appelés à concourir à l'expertise demandée par le même contribuable pour l'année suivante. *(C. d'Et. 5 mai 1882 ; 24 janv. 1891.)*

603. — Il a été décidé, relativement à l'expert du réclamant, que le mandataire choisi par lui pour suivre, en son nom, la demande en réduction, ne peut être désigné comme expert. *(C. d'Et. 31 août 1871.)*

604. — Mais il n'y a pas lieu, pour le conseil de préfecture, de prononcer la récusation comme expert désigné par une partie d'un individu chez qui le réclamant a fait élection de domicile et qui avait pris part à la rédaction de la réclamation, alors qu'il n'est pas établi qu'il ait été constitué mandataire par la partie. *(C. d'Et. 24 juin 1898.)*

605. — Le conseil de préfecture peut statuer sans attendre les résultats de l'expertise, lorsque le contribuable qui l'avait demandée, mis en demeure de désigner son expert s'est refusé à faire cette désignation, ou même s'est abstenu de la faire. *(C. d'Et. 2 juill. 1892 ; 3 juill. 1896 ; 25 mars 1898.)*

606. — Mais il ne peut statuer tant que le réclamant n'a pas été mis en demeure de désigner son expert. *(C. d'Et. 1er fév. 1896.)*

607. — Lorsqu'il n'a pas été procédé à l'expertise, l'expert du contribuable ayant déclaré, sans mandat, accepter les évaluations de l'administration, l'arrêté rendu sans expertise est irrégulier. *(C. d'Et. 23 nov. 1896.)*

608. — L'article 16 de la loi du 17 juillet 1895 n'impose point aux experts l'obligation de prêter serment avant de procéder à leurs opérations. *(C. d'Et. 21 nov. 1896.)*

609. — Aux termes de l'article 23 de la loi du 2 messidor an VII, le jour et l'heure de la descente des experts sur les lieux où doit avoir lieu l'expertise sont fixés par l'administration; les experts et le réclamant doivent en être prévenus dix jours à l'avance.

610. — Ainsi, une expertise est irrégulière quand l'expert d'un réclamant, qui n'y a pas assisté, n'a pas été régulièrement convoqué. *(C. d'Et. 20 déc. 1895.)*

611. — Le contribuable, qui ne peut assister à l'expertise, a la faculté de se faire représenter par un mandataire, mais il ne peut exiger que le jour de l'expertise soit modifié. *(C. d'Et. 4 mars 1881.)*

612. — Il a été jugé qu'une expertise doit être considérée comme contradictoire et régulière lorsque le représentant du contribuable et son expert ont été convoqués pour prendre part aux opérations, bien qu'ils ne se soient pas présentés au jour fixé. *(C. d'Et. 11 nov. 1893.)*

613. — Quand les experts ont été légalement nommés, ils se rendent sur les lieux avec le contrôleur en présence de deux répartiteurs et du réclamant pour vérifier le revenu objet de la côte du réclamant et des autres cotes prises pour termes de comparaison. *(D. J. g., imp. dir., 466.)*

614. — La visite des lieux par les experts constitue une formalité essentielle de l'expertise et doit être effectuée à peine de nullité. *(C. d'Et. 3 mars 1894.)*

615. — Il a été jugé également que les experts doivent se rendre sur les lieux, à peine de nullité, pour y vérifier les faits et notamment la valeur locative des lieux imposés. *(C. d'Et. 29 juin 1877; 23 janv. 1880; 3 mars 1894.)*

616. — Toutefois le contribuable ne peut soutenir que l'expertise est irrégulière lorsque les experts n'ayant pu se mettre d'accord à la première réunion ont ensuite visité séparément les lieux. *(C. d'Et. 25 mars 1898 ; 13 janv. 1899.)*

617. — L'expertise consistant en général dans la vérification du revenu de la cote du réclamant et des autres cotes prises pour termes de comparaison, il y a nullité de l'expertise et de la décision du conseil de préfecture qui l'a suivie quand les experts ont omis de vérifier la valeur locative d'un certain nombre des habitations indiquées par le réclamant comme points de comparaison. *(C. d'Et. 8 août 1844 ; 8 août 1856 ; 22 mars 1895.)*

618. — Les experts ne peuvent se refuser à visiter les habitations désignées comme points de comparaison par un contribuable, à l'appui d'une demande en réduction de contribution foncière à laquelle il est imposé, pour une propriété bâtie, sous prétexte que ces habitations ne feraient l'objet d'aucune location. *(C. d'Et. 26 oct. 1895; 1ᵉʳ mai 1896.)*

619. — Mais il n'appartient pas au contribuable de contraindre les experts à ne prendre aucun point de comparaison autre que ceux qu'il leur a indiqués. *(C. d'Et. 9 juill. 1846 ; S. 46, 2, 666 ; C. d'Et. 18 mars 1881 ; 15 et 23 mai 1896.)*

620. — Comme aussi il n'appartiendrait pas au réclamant d'augmenter les difficultés et les frais d'expertise en indiquant un nombre excessif de points de comparaison.

621. — Ainsi, dans un cas où le contribuable avait désigné 99 maisons comme termes de comparaison, et où les experts avaient procédé à l'estimation de 35 d'entre elles, il a été jugé que le réclamant n'était pas fondé à soutenir que l'expertise était irrégulière, en se basant sur ce que 64 termes de comparaison n'avaient pas été visités. *(C. d'Et. 10 juin 1887.)*

622. — Dans un autre cas, où le contribuable avait indiqué comme points de comparaison 103 maisons en ce qui concerne l'impôt foncier et 82 en ce qui concerne l'impôt mobilier, l'expertise a été déclarée régulière, bien que l'expert de l'administration n'ait visité que 16 maisons désignées pour l'impôt foncier et 22 pour la taxe mobilière, déclarant se trouver suffisamment éclairé et inutile de visiter le surplus. *(C. d'Et. 28 mars 1890.)*

623. — De même, lorsque les termes de comparaison ont été visités par les experts, le conseil de préfecture peut refuser la visite de nouveaux points de comparaison demandée après l'expertise par le réclamant. *(C. d'Et. 20 nov. 1897.)*

624. — Quand l'expertise a été limitée par le contribuable, devant le conseil de préfecture, à une partie seulement de la propriété ou à un seul immeuble, le contribuable n'est pas fondé à contester la régularité de l'expertise sous prétexte qu'elle n'aurait été que partielle. *(C. d'Et. 26 oct. 1895; 26 fév. 1898.)*

625. — Le procès-verbal d'expertise, rédigé par le contrôleur, n'est soumis à aucune forme. Ainsi, aucune loi ne lui prescrit, à peine de nullité, d'y consigner les dires et observations du réclamant, ni de le rédiger séance tenante. *(C .d'Et. 31 janv. 1896 ; 29 avr. 1898.)*

626. — Le réclamant qui a signé, sans protestation ni réserve, le procès-verbal, n'est pas fondé à en contester la régularité. *(C. d'Et. 16 et 30 déc. 1887; 21 déc. 1894.)*

627. — Aucune disposition de loi ne prescrit, en matière de contributions directes, la communication au réclamant du mémoire des experts. *(C. d'Et. 7 nov. 1891 ; 1er déc. 1894 ; 9 nov. 1895 ; 19 juin 1896; 28 janv. 1899.)*

628. — L'expertise ne constituant qu'un simple élément d'instruction, le conseil de préfecture est libre d'en accepter les conclusions ou de les rejeter, sans même les discuter dans les considérants de son arrêté, et il peut tenir compte d'autres éléments d'évaluations fournis par l'instruction. *(C. d'Et. 21 avr. 1894; 24 fév. 1899.)*

629. — Lorsque l'administration ou le réclamant se croient lésés par le résultat de l'expertise, ils peuvent réclamer du conseil de préfecture une contre-vérification. Aux termes de l'article 29 de la loi du 26 mars 1831, la contre-vérification, lorsqu'elle est ordonnée, est faite par l'inspecteur des contributions ou par un contrôleur autre que celui qui a procédé à la première instruction ; elle a lieu en présence du maire ou de son délégué et du réclamant ou de son fondé de pouvoirs. *(D. J. g., Pat. 373.)*

630. — Mais le conseil de préfecture n'est pas tenu de faire droit à cette demande et il lui appartient d'apprécier s'il convient ou non de recourir à cette mesure. *(C. d'Et. 14 juin 1861 ; 16 juill. 1862 ; 19 juin 1896.)*

631. — La contre-vérification est la seule mesure que le conseil de préfecture puisse ordonner, lorsque, après l'expertise, il estime nécessaire un supplément d'instruction. *(C .d'Et. 20 avr. 1894 ; 5 fév. 1897.)*

4° *Frais de l'expertise.*

632. — Il est généralement décidé que les frais de l'expertise doivent être supportés par le contribuable quand la réduction accordée par le conseil de préfecture ne dépasse pas celle offerte par le directeur des contributions directes avant de procéder à cette mesure d'instruction. *(C. d'Et. 25 févr. et 2 déc. 1887; 27 déc. 1890; 6 janv. 1894; 30 nov. 1895; 6 fév. 1897.)*

633. — Cependant, dans chaque affaire, le conseil de préfecture doit vérifier s'il n'existe pas quelque circonstance spéciale de nature à motiver une dérogation à cette règle. *(C. d'Et. 22 nov. 1895.)*

634. — Il a été fréquemment décidé que le contribuable qui n'obtient qu'une partie de la réduction réclamée par lui, peut être condamné à supporter une partie des frais d'expertise. *(C. d'Et. 1er juin 1888 ; 27 oct. 1893 ; 6 avril 1894 ; 19 et 25 janv. 1895 ; 8 fév. 1896 ; 25 juin 1897.)*

635. — Si la réduction est importante et que l'administration n'ait fait aucune offre, une part plus considérable des frais peut être mise à la charge de celle-ci. *(C. d'Et. 8 fév. 1896; 13 janv. 1899.)*

636. — Et même, si les réductions obtenues sont très importantes, les frais d'expertise peuvent être mis en entier à la charge de l'administration. *(C. d'Et. 22 nov. 1895 ; 21 fév. 1896.)*

637. — La liquidation et la taxe des vacations, frais et honoraires des experts, sont faites par arrêté du président du conseil de préfecture, et il a été décidé que le conseil de préfecture n'est pas compétent pour les liquider et les taxer en audience publique. *(V. not. C. d'Et. 19 janv. 1894 ; 17 avr. 1896 ; 13 nov. 1897 ; 15 janv. 1898.)*

638. — L'arrêté du préfet ou du vice-président du conseil de préfecture, opérant la liquidation des frais d'expertise, ne peut pas être déféré directement au Conseil d'Etat, mais doit être frappé d'opposition, dans le délai de trois jours de la notification, devant le conseil de préfecture. *(V.*

not. C. d'Et. 20 janv. 1894 ; 4 janv. 1895 ; 3 juill. 1896 ; 24 mai 1897 ; 26 fév. 1898.)

639. — Mais l'arrêté, rendu par le conseil de préfecture statuant en chambre de conseil, sur l'opposition formée contre l'arrêté du président liquidant les frais d'expertise, peut être déféré au Conseil d'Etat. *(C. d'Et. 26 juin 1896.)*

§ 3. — INSTRUCTION DEVANT LE CONSEIL DE PRÉFECTURE

640. — Lorsque le réclamant, invité par le directeur, conformément à l'art. 29 de la loi du 21 avr. 1832, à prendre connaissance du dossier à la sous-préfecture et à faire connaître s'il désire présenter des observations orales à l'audience publique, a manifesté cette intention, avis du jour de l'audience doit lui être donné, sous peine de nullité de l'arrêté à intervenir. *(V. not. C. d'Et. 15 janv. 1892 ; 23 juin 1893 ; 27 juill. 1894 ; 9 nov. 1895 ; 7 nov. 1896 ; 30 avr. 1897 ; 4 fév. 1898 ; 13 janv. 1899.)*

641. — Il en est ainsi alors même que le réclamant aurait été averti du jour de l'audience à laquelle une mesure d'instruction a été ordonnée, mais non du jour de l'audience où il a été statué au fond. *(C. d'Et. 9 déc. 1893 ; 27 juill. 1894 ; 5 août 1898.)*

642. — Mais le réclamant qui n'a pas, antérieurement à la fixation du rôle, demandé à présenter des observations orales devant le conseil de préfecture, n'est pas fondé à se plaindre de n'avoir pas été averti du jour où son affaire serait appelée. *(V. not. C. d'Et. 2 mars 1894 ; 2 fév., 5 avr., 26 oct. 1895 ; 16 juin 1896 ; 26 juin 1897 ; 16 déc. 1898 ; 1ᵉʳ déc. 1899.)*

643. — Il en est de même si le réclamant s'est borné à demander, par lettre, une expertise et n'a exprimé l'intention d'être entendu que dans les cas où le conseil de préfecture jugerait utile de provoquer des observations orales, ou trouverait les observations écrites insuffisantes. *(C. d'Et. 2 mars 1894 ; 18 déc. 1897.)*

644. — Il en serait encore de même, évidemment, si le contribuable ne demandait à présenter des observations orales qu'après l'arrêté du conseil de préfecture. *(C. d'Et. 18 janv. 1895.)*

645. — Aux termes de l'art. 44 de la loi du 29 juillet 1889, les parties doivent être prévenues au moins quatre jours à l'avance du jour où l'affaire qui les concerne viendra à l'audience publique ; lorsque l'avertissement du jour de l'audience a été donné la veille seulement de ce jour, l'arrêté doit être annulé. *(C. d'Et. 14 et 29 fév. 1896.)*

646. — A moins que le réclamant n'ait assisté à l'audience et n'ait fourni ses explications orales. *(C. d'Et. 9 juin 1893.)*

647. — Si l'avertissement du jour de l'audience est remis six jours avant l'audience au domicile du réclamant, la procédure est régulière. *(C. d'Et. 13 mai 1898.)*

648. — Le contribuable qui a été convoqué et entendu à l'audience du conseil de préfecture où son affaire a été appelée, n'est pas fondé à se plaindre de n'avoir pas été convoqué à l'audience où elle a été jugée, alors qu'aucun document nouveau n'a été fourni par l'administration. *(C. d'Et. 2 fév. 1894 ; 14 fév. et 30 oct. 1896 ; 8 mars 1901.)*

649. — Lorsque le réclamant s'est fait représenter devant le conseil de préfecture par un mandataire, l'avis d'audience doit être donné au domicile de ce mandataire, aux termes de l'art. 44 de la loi du 22 juillet 1889, et le réclamant ne serait pas fondé à se plaindre de ne pas avoir été convoqué si le mandataire a été averti. *(C. d'Et. 4 nov. 1893 ; 14 mai 1898.)*

650. — Mais quand l'avertissement du jour de l'audience n'a pas été donné à un mandataire, l'arrêté doit être annulé, bien que l'avertissement ait été donné à un avocat chargé par le mandataire de présenter des observations orales. *(C. d'Et. 3 juill. 1896 ; 3 déc. 1897.)*

651. — Toutefois, lorsque le mandataire du contribuable qui a demandé à être avisé du jour de l'audience est domicilié hors du département, l'avis est donné, avec raison, non à ce mandataire, mais au réclamant. *(C. d'Et. 17 mars 1902.)*

§ 4. — JUGEMENT DES RÉCLAMATIONS ET NOTIFICATION
DES ARRÊTÉS

652. — Aux termes de l'art. 28 de la loi du 21
avril 1832, modifié par la loi du 13 juillet 1903,
le conseil de préfecture doit statuer dans le délai
de six mois, et un contribuable ne peut, sous prétexte de réclamation, différer le paiement des termes échus au jour de la réclamation et de ceux
qui viendront à échoir pendant les six mois qui
suivront la réclamation.

653. — Toutefois, ne sont pas entachées de nullité les décisions rendues après ce délai de six
mois. *(C. d'Et. 23 nov. 1894 ; 15 mai 1903.)*

654. — Mais le contribuable est en droit, aux
termes de la loi de 1903, de refuser le paiement
des douzièmes qui viennent à échéance après l'expiration de ce délai, à la double condition qu'il
ait, dans sa demande, manifesté cette intention,
et fixé le montant ou les bases du dégrèvement
auquel il prétend.

655. — Mais l'opposition par lui formée aux
poursuites postérieures au rejet de sa demande
par le conseil de préfecture, ne serait pas fondée
malgré son recours au Conseil d'Etat, le dit recours n'étant pas suspensif d'exécution. *(C. d'Et.
30 oct. 1848 ; 14 avr. 1870.)*

656. — Si le conseil de préfecture doit statuer
sur tous les chefs de conclusions du réclamant, il
ne peut, dans aucun cas, statuer au-delà de ce

qui est demandé ; ainsi, il ne peut accorder décharge complète à un contribuable, même s'il y a droit, quand il n'a demandé qu'une réduction, ni accorder un dégrèvement sur des contributions non constestées. *(C. d'Et. 14 janv. 1858 ; 28 mars 1860 ; 6 déc. 1895 ; 1ᵉʳ fév. 1896 ; 24 fév. 1899.)*

657. — Le conseil de préfecture ne peut pas substituer d'office, au réclamant qui obtient décharge, un autre individu non inscrit au rôle. *(C. d'Et. 9 janv. 1846 ; 19 mars 1898.)*

658. — Les décisions du conseil de préfecure doivent être notifiées aux parties, et il a été reconnu, par le Conseil d'Etat, que le directeur des contributions directes avait qualité pour notifier aux intéressés les arrêtés rendus sur des réclamations en matière de contributions directes et de taxes assimilées. *(C. d'Et. 6 avr., 30 juin et 1ᵉʳ déc. 1894 ; 25 mars 1895 ; 26 juin 1897.)*

659. — En conséquence, les contrôleurs communiquent officiellement les décisions aux maires qui sont chargés de les notifier aux réclamants de leur commune; cette notification fait courir le délai de pourvoi. *(Inst. min. 29 janv. 1898.)*

660. — Elle peut être valablement donnée, non au domicile réel de la partie, mais au domicile élu par elle chez le mandataire chargé de former la réclamation et de présenter, s'il y a lieu, une requête devant le Conseil d'Etat. *(C. d'Et. 21 nov. 1891 ; 29 mars 1895.)*

§ 5. — RECOURS CONTRE LES ARRÊTÉS
PAR VOIES D'OPPOSITION OU TIERCE-OPPOSITION

661. — Dans certains cas, notamment en matière de mutation de cote ou de transfert de patente, les arrêtés du conseil de préfecture, non contradictoires, peuvent être attaqués par voie d'opposition, dans le délai d'un mois à compter de la notification.

662. — Mais l'opposition n'est pas recevable contre un arrêté contradictoire. *(C. d'Et. 19 mars 1880 ; 12 mars 1886.)*

663. — N'est pas susceptible d'opposition un arrêté rendu sur le vu de la réclamation du contribuable. *(C. d'Et. 28 janv. 1876 ; 23 nov. 1877 ; 2 août 1890 ; 22 nov. 1895 ; 13 fév. 1897 ; 18 fév. 1898.)*

664. — Pour que la voie de l'opposition soit ouverte au défendeur, il faut qu'il ait reçu communication de la requête du demandeur et, qu'appelé en cause, il n'ait pas présenté de défenses écrites. Les arrêtés rendus sur les requêtes ou mémoires en défense des parties sont toujours contradictoires, alors même que les parties ou leurs mandataires n'auraient pas présenté d'observations orales. *(C. d'Et. 26 août 1890; 23 juill. 1897.)*

665. — Un recours au Conseil d'Etat contre un arrêté par défaut, formé avant l'expiration du délai d'opposition n'est pas recevable. *(C. d'Et. 20 sept. 1871 ; 23 juill. 1897.)*

666. — Une autre voie de recours, la tierce-opposition, est ouverte à ceux à qui il est causé un préjudice par un arrêté intervenu dans une instance où, ni eux, ni leurs représentants, n'ont été appelés devant le conseil de préfecture.

667. — Si la voie de la tierce-opposition est ouverte, le pourvoi au Conseil d'Etat n'est pas recevable. *(C. d'Et. 12 déc. 1866; 13 fév. 1892.)*

668. — Lorsque le conseil de préfecture, sur la réclamation d'un contribuable, a décidé que sa contribution serait partagée entre lui et un tiers qui n'était pas partie dans l'instance, celui-ci ne peut recourir que par la voie de tierce opposition. *(C. d'Et. 2 déc. 1893 ; 1ᵉʳ déc. 1894 ; 29 mai 1897.)*

669. — Un percepteur n'est pas recevable à déférer au Conseil d'Etat un arrêté du conseil de préfecture auquel il n'a pas été partie et qui ordonne le remboursement, à un propriétaire, d'une somme représentant le montant de la contribution personnelle-mobilière de son locataire, mise à sa charge à la suite du déménagement de celui-ci. *(C. d'Et. 6 déc. 1895 ; 2 avr. 1897.)*

670. — Mais il peut déférer au conseil d'Etat l'arrêté qui rejette la tierce opposition qu'il avait faite contre un précédent arrêté le condamnant au remboursement d'une contribution envers un contribuable. *(C. d'Et. 2 avr. 1897.)*

671. — En dehors des cas où l'opposition ou la tierce opposition sont ouvertes aux parties, le conseil de préfecture qui a statué sur une réclamation a épuisé sa juridiction et ne peut pas reviser lui-même sa décision. *(C. d'Et. 13 sept. 1855; 10 déc. 1875; 9 nov. 1895.)*

672. — Décidé aussi que le conseil de préfecture qui a statué une première fois sur une réclamation ne peut statuer une seconde fois sur la même demande. *(V. not. C. d'Et. 25 oct. 1895; 17 janv. 1896; 4 mars 1898.)*

CHAPITRE V

Recours au Conseil d'Etat

§ 1er. Généralités.
§ 2. Délais du pourvoi.
§ 3. Formes du pourvoi.
§ 4. Instruction du pourvoi.

§ 1er. — GÉNÉRALITÉS

673. — Les arrêtés des conseils de préfecture peuvent être attaqués devant le conseil d'Etat dans le délai de deux mois à dater de la notification lorsqu'ils sont contradictoires, et à dater de l'expiration du délai d'opposition lorsqu'ils ont été rendus par défaut. *(L. 22 juill. 1889, art. 57.)*

674. — Les recours au conseil d'Etat contre les arrêtés des conseils de préfecture peuvent avoir lieu sans frais et sans intervention d'un avocat au conseil d'Etat, en matière de contributions directes ou de taxes assimilées à ces contributions pour le recouvrement; toutefois, l'exemption du droit de timbre n'est applicable aux recours en matière de contributions directes et de taxes assimilées à ces contributions, sauf les prestations en nature pour les chemins vicinaux, que lorsque la cote est moindre de trente francs. *(L. 22 juill. 1889, art. 61.)*

675. — Le recours peut être déposé dans les cas ci-dessus visés, soit au secrétariat général du conseil d'Etat, soit à la préfecture, soit à la sous-prefecture. *(L. 22 juill. 1889, même art. 61.)*

§ 2. — DÉLAIS DU POURVOI.

676. — Le délai pour se pourvoir devant le conseil d'Etat contre un arrêté du conseil de préfecture est déterminé par l'article 57 de la loi du 22 juillet 1889; il est fixé à deux mois.

677. — Le point de départ du délai de recours au conseil d'Etat est, pour les particuliers, la date de la notification qui leur est faite par le directeur de la décision du conseil de préfecture et de nombreux arrêts ont appliqué la déchéance à des recours formés plus de deux mois après cette date. *(V. not. C. d'Et. 13 et 20 janv., 10 et 16 fév., 3 et 8 août 1894; 19 janv., 22 fév., 8 et 29 mars, 10 et 31 mai 1895; 18 mars, 16, 17 et 24 déc. 1898; 3 et 10 fév. 1899.)*

678. — Une notification faite au domicile élu par le réclamant chez un mandataire, à qui il avait donné pouvoir, non seulement de présenter sa réclamation devant le conseil de préfecture, mais encore de se pourvoir, le cas échéant, devant le conseil d'Etat, fait courir le délai du recours. *(C. d'Et. 29 mars et 7 déc. 1895; 12 fév. 1897.)*

679. — Une requête enregistrée à la préfecture

après l'expiration du délai de deux mois, mais remise à la poste et parvenue à la préfecture avant l'expiration de ce délai serait recevable. *(C. d'Et. 22 déc. 1894.)*

680. — Le délai de recours au conseil d'Etat contre les arrêtés des conseils de préfecture prononcés hors de la France continentale est fixé à trois mois notamment en ce qui concerne les arrêtés des conseils de préfecture de la Corse et de l'Algérie. *(C. d'Et. 19 et 20 juin, 18 juill., 30 oct. 1896; 23 juill. 1897; 12 fév. 1898.)*

681. — D'autre part, un recours, formé prématurément avant que le conseil de préfecture ait statué, n'est pas recevable. *(C. d'Et. 13 janv., 25 mai, 21 juill. et 3 août 1894; 16 et 22 mars 1895; 10 janv. et 19 juin 1896; 13 mai 1898.)*

§ 3. — FORMES DU POURVOI

682. — Le recours contre une décision qui rejette la réclamation d'un contribuable ne peut être formé qu'au nom de celui qui a été partie dans la décision rendue, et par lui ou par un tiers qui a reçu des pouvoirs à cet effet. *(D. J. g., imp. dir., 446 et 635.)*

683. — Le recours au conseil d'Etat doit constituer une véritable requête, contenir l'exposé des faits et moyens, les conclusions du requérant, l'énumération des pièces dont il entend se servir, les noms et demeures des parties.

684. — N'a pas le caractère d'un recours la lettre

adressée par un contribuable au préfet, sur papier timbré à la suite de l'arrêté du conseil de préfecture et dans laquelle il proteste contre cet arrêté sans déclarer se pourvoir. *(C. d'Et. 9 déc. 1893.)*

685. — Ni la lettre adressée au préfet dans laquelle le contribuable sollicite de sa haute bienveillance la faveur d'obtenir un résultat satisfaisant à sa réclamation et expose que les années précédentes il était moins imposé. *(C. d'Et. 2 fév. 1895.)*

686. — Ni la lettre adressée par un contribuable au préfet dans laquelle il se plaint de l'arrêté du conseil de préfecture qui a rejeté sa requête et lui demande de faire cesser les injustes réclamations du percepteur. *(C. d'Et. 26 oct. 1895.)*

687. — Ni une lettre adressée au président du conseil d'Etat par un contribuable qui allègue qu'un faux a été commis à son préjudice sur les registres de l'administration des contributions directes et demande que l'auteur en soit recherché. *(C. d'Et. 26 oct. 1895.)*

688. — La requête doit être motivée et contenir l'exposé des faits et moyens à l'appui de la demande à peine d'être déclarée non recevable. *(V. not. C. d'Et. 9 déc. 1893; 6 avr. 1894; 19 janv. 1895; 5 juin 1896; 6 mars 1897; 21 janv. et 17 déc. 1898; 13 janv., 4 et 24 fév. 1899; 28 janv. 1901.)*

689. — Il en est ainsi, alors même que la requête se réfère, soit aux moyens présentés à l'appui d'un recours déjà jugé, soit à un pourvoi antérieur non encore jugé au moment où le second recours dont il s'agit a été enregistré au secrétariat du contentieux du conseil d'Etat. *(C. d'Et. 13 fév. 1892; 9 juin 1893; 2 fév., 23 nov. 1894; 18, 19 janv., 26 juill. 1895; 25 janv., 18 juill. 1896; 6 mars 1897; 20 janv. et 17 fév. 1899.)*

690. — Une requête non motivée n'est pas recevable quand elle se réfère pour l'exposé des moyens, à un mémoire non produit sur timbre, bien que la cote soit supérieure à trente francs. *(C. d'Et. 9 juin 1893.)*

691. — En matière de contributions directes et taxes assimilées aux contributions directes, les pourvois doivent être présentés sur timbre, s'il s'agit d'une cote au-dessus de trente francs. Ils peuvent être rédigés sur papier libre pour les cotes inférieures à trente francs et pour les prestations en nature quel que soit le montant de la cote.

692. — Les différentes questions relatives au timbre ayant été traitées au chapitre 1er paragraphe 4 de la deuxième partie, en ce qui concerne les réclamations présentées au conseil de préfecture, et les conditions d'exigibilité étant les mêmes, il y a lieu de s'y reporter pour compléter les règles de cette formalité.

693. — Ainsi, comme pour l'introduction de la réclamation devant le conseil de préfecture, n'est pas recevable le recours formé sur papier libre et relatif à une cote supérieure à 30 francs. *(V. not. C. d'Et. 31 mai 1873; 29 juin 1888; 4 nov. 1893; 17 janv. 1896; 22 janv. 1898; 13, 20 janv. et 11 fév. 1899.)*

694. — Il en est ainsi, alors même que le chiffre du dégrèvement sollicité n'atteindrait pas 30 fr., ou que l'arrêté du conseil de préfecture, contre lequel est dirigé le pourvoi, ait réduit l'imposition à une somme inférieure. *(C. d'Et. 20 juill, 1er déc. 1894; 4 janv. 1895.)*

695. — Une requête sur timbre non motivée, relative à une cote supérieure à 30 francs, n'est pas recevable, alors qu'elle se réfère à un mémoire ampliatif produit sur papier non timbré. *(C. d'Et. 9 juin 1893; 9 nov. 1895; 7 nov. 1896; 29 janv. 1897; 29 janv. 1898.)*

696. — Même si ce mémoire se trouve être une délibération du conseil municipal. *(C. d'Et. 3 mars 1894; 6 nov. 1896.)*

696 bis. — Les communes ne peuvent agir que dans la personne de leur maire à ce dûment autorisé par une délibération du conseil municipal. A défaut de cette autorisation, la requête du maire n'est pas recevable. *(V. not. C. d'Et. 13 janv. 1858; 28 août 1865; 26 fév. 1875; 11 juill. 1891; 26 fév. 1892.)*

697. — Un mémoire en défense relatif à une taxe qui n'est pas inférieure à 30 francs ne pouvant être présenté au conseil d'Etat que sur papier timbré, il n'y a pas lieu de statuer sur les conclusions de ce mémoire lorsqu'il est écrit sur papier non timbré. *(C. d'Et. 21 juin 1895.)*

698. — Est non recevable un recours présenté sur papier non timbré n'ayant pour objet que la décharge des frais d'expertise inférieurs à 30 fr., mais relatifs à une contribution supérieure à 30 francs. *(C. d'Et. 14 janv. 1898.)*

699. — La requête, lorsqu'elle n'est pas présentée par un avocat au conseil d'Etat, dont l'emploi est facultatif aux termes mêmes de la loi, doit, à peine de non recevabilité, être signée par le requérant ou son mandataire. *(C. d'Et. 18 avr. 1860; 27 juill. 1893; 22 janv. 1895; 1er fév. 1896.)*

700. — Les noms et adresse du réclamant mis au bas de la requête ne constituent pas une signature. *(C. d'Et. 25 nov. 1893; 2 fév. 1895.)*

701. — N'est pas recevable une réclamation à la suite de laquelle son rédacteur, pour expliquer l'absence de signature, a apposé la mention « illettré », alors que, d'une pièce versée au dossier par le réclamant lui-même, il résulte que le contribuable sait signer en caractères arabes. *(C. d'Et. 29 oct. 1898.)*

702. — Tout contribuable, qui veut se pourvoir devant le conseil d'Etat contre un arrêté du conseil de préfecture rejetant sa réclamation, peut le faire par mandataire et le recours ainsi formé est recevable lorsque le mandat est régulier. *(C. d'Et. 21 avr. 1894.)*

703. — Mais n'est pas recevable tout pourvoi formé par un mandataire qui, aux termes de l'article 17 de la loi du 13 juillet 1903, ne produit pas son pouvoir en introduisant la requête. *(V. not. C. d'Et. 9 mars 1836; 6 juin 1844; 23 déc. 1893; 22 févr. 1894; 26 janv. 1895; 10 et 25 janv. 1896; 2 avr. 1897; 15 janv. 1898; 13 janv. 1899.)*

704. — Ne constitue pas un pouvoir suffisant un mandat donné avant l'arrêté attaqué et conférant pouvoir de défendre l'intéressé en tout état de cause devant le conseil de préfecture. *(C. d'Et. 3 déc. 1897.)*

705. — N'est pas recevable le recours formé au nom d'une compagnie de chemins de fer, sans justification d'un mandat spécial du conseil d'administration, soit par l'ingénieur principal au service de la voie, soit par le chef ou le sous-chef du contentieux. *(C. d'Et. 6 nov. 1896 ; 10 déc. 1897 ; 14 janv. 1898; 24 fév. 1899.)*

706. — Le mandataire qui a reçu pouvoir pour réclamer devant le conseil de préfecture n'est pas recevable à interjeter appel devant le conseil d'Etat. *(C. d'Et. 27 déc. 1890 ; 17 déc. 1898.)*

707. — Il faut que le mandat de se pourvoir devant le Conseil d'Etat soit nettement conféré ; ainsi, le mandat pour réclamer n'implique pas mandat pour se pourvoir. *(C. d'Et. 25 nov. 1893 ; 28 avr., 3 août, 23 nov. 1894 ; 16 déc. 1898.)*

708. — De même, un recours est non recevable quand celui qui l'a formé, ayant justifié d'un mandat devant le conseil de préfecture, n'a pas fait la même justification devant le Conseil d'Etat. *(C. d'Et. 29 juin, 7 juill., 9 nov. 1894 ; 24 mai 1895 ; 14 janv. 1898.)*

709. — Le Conseil d'Etat a même considéré comme insuffisant le mandat donné avant l'arrêté du conseil de préfecture, de poursuivre la demande en réduction, devant qui de droit, ou encore par toutes les voies de droit. *(C. d'Et. 14 mai 1892 ; 28 juill. 1893.)*

710 — L'assemblée générale du Conseil d'Etat statuant au contentieux, a décidé, plus récemment, que le contribuable pouvait, avant l'arrêté du conseil de préfecture, donner mandat par un seul et même acte, d'intervenir devant le conseil de préfecture et de se pourvoir devant le Conseil d'Etat. *(C. d'Et. 16 déc. 1898 ; 13 janv. 1899.)*

711. — Le mandat spécial à une année, par lequel le contribuable autorise ce mandataire à poursuivre devant la juridiction compétente le dégrèvement de sa cote, ne donne pas qualité au mandataire pour former un pourvoi au Conseil d'Etat contre des arrêtés du conseil de préfecture qui ont statué sur les contributions des années ultérieures. *(C. d'Et. 6 mars 1900.)*

712. — Si le mandat produit n'émane pas du contribuable, mais d'un tiers qui ne justifie lui-même d'aucune procuration de ce contribuable l'autorisant à le représenter devant le Conseil d'Etat et à se substituer le signataire du recours dans l'exercice de ce mandat, la requête n'est pas recevable. *(C. d'Et. 14 janv. 1898 ; 8 nov. 1905.)*

713. — La parenté ne donne pas qualité à un contribuable pour se pourvoir devant le Conseil d'Etat au nom d'un autre contribuable. *(C. d'Et. 17 avr. et 13 juin 1896.)*

714. — De même le mari d'une femme se disant légataire universelle du réclamant mais ne l'établissant par aucun titre, n'est pas recevable à se pourvoir contre l'arrêté qui a statué sur la réclamation. *(C. d'Et. 24 mai 1895.)*

715. — Les recours présentés par un avocat ne faisant pas partie du barreau du Conseil d'Etat, ou par avoué, sont irrecevables s'il n'est pas justifié d'un pouvoir spécial à cet effet. *(C. d'Et. 10 févr. et 29 déc. 1894.)*

716. — Il est actuellement constant en jurisprudence que les parties ayant des intérêts distincts ne peuvent se pourvoir par une requête collective contre des arrêtés séparés qui ont statué sur leurs demandes bien que la question de droit soit la même dans les différentes affaires. *(D. P. 93, 3, 102, note 3.)*

717. — C'est ainsi qu'il a été jugé, en termes généraux, qu'une requête collective formée par plusieurs contribuables contre des arrêtés du conseil de préfecture notifiés à chacun d'eux, et rejetant leurs réclamations contre des contributions auxquelles ils avaient été imposés sur des articles spéciaux du rôle, n'est recevable qu'en ce qui concerne le premier signataire. *(C. d'Et. 18 avr. 1891 ; 10 mars 1893.)*

718 — De nombreux arrêts, dont plusieurs ont été rendus dans des espèces où les contributions ne dépassaient pas 30 francs, et où, par conséquent, l'intérêt fiscal ne pouvait exister en tant que timbre, ont déclaré non recevable un pourvoi collectif, alors qu'il avait été statué sur les réclamations du contribuable par des arrêtés distincts et que ces arrêtés avaient fait l'objet de notifications distinctes. *(V. not. C. d'Et. 21 mars 1891 ; 4 nov. 1893; 2 mars, 5 mai 1894; 26 avr., 14 juin 1895.)*

719. — En pareil cas, lorsque ces arrêtés sont relatifs à plusieurs contributions, le recours n'est recevable qu'en ce qui concerne la contribution première dénommée et qui a fait l'objet d'un arrêté notifié séparément. *(V. not. C. d'Et. 24 déc. 1898; 13, 20 et 28 janv. 1899.)*

720. — Dans le cas d'un recours collectif dirigé contre plusieurs arrêtés relatifs à la même contribution, mais pour des années différentes, et ayant fait l'objet de notifications distinctes, le recours n'est recevable qu'en ce qui concerne soit le premier arrêté dénommé dans la requête, soit la première contribution qui y est désignée. *(C. d'Et. 5 et 25 mai 1894 ; 8 mars et 14 juin 1895 ; 5 août 1898.)*

721. — Mais il a été jugé au contraire que, dans le cas où les arrêtés n'ont fait l'objet que d'une seule notification, le recours collectif est recevable. *(C. d'Et. 9 avr. 1892 ; 30 oct. 1897.)*

722. — Et même a été déclaré recevable un pourvoi unique formé contre divers arrêtés ayant fait l'objet de notifications distinctes, si ces arrêtés se rapportent aux divers chefs d'une réclamation comprenant plusieurs contributions, dont une seule est supérieure à 30 francs. *(C. d'Et. 29 juill. 1901.)*

723. — La requête doit, à peine de non recevabilité, être accompagnée de la production de l'arrêté attaqué, ou tout au moins de l'extrait de l'arrêté notifié au contribuable par le directeur. *(V. not. C. d'Et. 4 nov. 1893 ; 2, 16 et 24 fév., 4 et 5 mai 1894 ; 2 et 9 fév. 1895 ; 27 janv., 4 fév. 1899.)*

724. — La requête qui n'est pas accompagnée de cette production doit être déclarée non recevable, nonobstant la production faite par l'administration elle-même. *(C. d'Et. 13 nov. 1890 ; 2 et 3 mars et 29 juin 1894.)*

725. — La production de l'arrêté relatif à la contribution d'une année antérieure ne suffit pas à rendre la requête recevable. *(C. d'Et. 17 avr. 2 mai et 7 nov. 1896.)*

726. — Une note émanant du greffe du conseil de préfecture peut tenir lieu de l'extrait de l'arrêté notifié au contribuable. *(C. d'Et. 20 nov. 1897.)*

727. — Aux termes de l'art. 61 de la loi du 22 juillet 1889, le recours peut être déposé soit au secrétariat général du Conseil d'Etat, soit à la préfecture, soit à la sous-préfecture, et la requête prend date du jour de ce dépôt ; sur la demande du réclamant il en est délivré récépissé. *(D. J. g., S. imp. dir. 248.)*

728. — Les pourvois contre les décisions du conseil de préfecture doivent, aux termes de la loi, être déposés à la préfecture du département où les arrêtés ont été rendus et aucune disposition légale ne permet de considérer comme réguliers les pourvois déposés à la préfecture d'un autre département. *(C. d'Et. 9 juin 1902.)*

§ 4. — INSTRUCTION DU POURVOI DEVANT LE CONSEIL D'ÉTAT.

729. — A l'inverse de ce qui a lieu devant les conseils de préfecture, les parties ne peuvent être admises à présenter elles-mêmes des observations orales devant le conseil d'Etat. *(C. d'Et. 30 nov. 1895; 28 mars, 18 juill. 1896; 4 fév. 1899.)*

730. — En principe, toute demande portée directement devant le conseil d'Etat et non soumise préalablement au conseil de préfecture n'est pas recevable. *(V. not. C. d'Et. 27 oct. 1893; 31 mai 1895; 10 janv. 1896; 3 et 18 déc. 1897; 17 déc. 1898; 10 févr. 1899.)*

731. — Par application de cette règle, une jurisprudence constante décide que la demande en décharge des contributions directes et taxes assimilées ne peut être portée directement devant le Conseil d'Etat. *(V. not. C. d'Et. 27 avr. 1841; 13 déc. 1845; 13 janv. 1853; 30 janv. 1885; 1er fév. 1889; 22 févr. 1890; 15 janv. 1892; 22 févr. 1895; 3 déc. 1897; 13 janv. 1898.)*

732. — Le recours au conseil d'Etat ne peut avoir au fond une base différente de la demande devant le conseil de préfecture, et le contribuable qui, devant le conseil de préfecture, a demandé la réduction de son imposition n'est pas recevable, dans son pourvoi au conseil d'Etat, à demander soit la décharge de l'imposition entière, soit une réduction plus forte. *(V. not. C. d'Et. 12 nov. 1892; 16 fév.*

*1894; 2 mars et 8 août 1895; 17 janv. 1896; 17 déc.
1897.)*

733. — Les conclusions soumises au conseil d'E-
tat ne sont recevables que dans les limites de la
réduction primitivement réclamée. *(C. d'Et. 15 nov.
1895 ; 28 mars 1896 ; 13 mai 1898.)*

734. — Ainsi, est non recevable devant le conseil d'Etat un recours relatif à des contributions
autres que celles qui ont fait l'objet de l'arrêté
attaqué. *(C. d'Et. 10 avr. 1869; S., 70, 2, 95; C. d'Et.
10 mai 1895; 7 mars 1896; 3 et 30 avr., 6 nov. 1897.)*

735. — De même, lorsqu'un contribuable demande en appel un dégrèvement supérieur à celui
réclamé en première instance, sa requête n'est
recevable que dans les limites des conclusions de
première instance. *(V. not. C. d'Et. 20 nov. 1893;
9 nov. 1894; 18 janv. 1895; 14 janv. 1899.)*

736. — Une demande formée directement devant
le conseil d'Etat et tendant à la restitution de
sommes supérieures au montant de la contribution
à laquelle le requérant est reconnu devoir être
imposé pour l'année, objet de sa réclamation, et
qui auraient été perçues dans les années antérieures, n'est pas recevable. *(V. not. C. d'Et. 23 fév.,
2 mars et 21 déc. 1895; 14 nov. 1896.)*

737. — N'est pas recevable la demande relative
à un seul immeuble qui a été étendue devant le
conseil d'Etat à d'autres immeubles. *(C. d'Et. 5 et
25 mai et 3 août 1894.)*

738. — Il est admis aujourd'hui que, si l'on ne
peut demander devant le conseil d'Etat une réduc-

tion plus forte que celle qui a été demandée en temps utile devant le conseil de préfecture, on peut faire valoir des moyens nouveaux; mais les moyens nouveaux ne sont recevables que jusqu'à concurrence des conclusions à fin de réduction prises en première instance. *(C. d'Et. 1er fév. 1884; 10 fév. 1896.)*

739. — Une partie n'est pas recevable à déférer au conseil d'Etat un arrêté auquel elle a acquiescé. Ainsi, le contribuable qui, lors de l'expertise, a accepté la réduction proposée par l'administration, n'est pas recevable à solliciter, devant le conseil d'Etat, une réduction supérieure. *(C. d'Et. 3 août 1895.)*

740. — Lorsqu'une réclamation est rejetée par le conseil de préfecture, le paiement de la cote par le contribuable, qui n'est plus dans aucun cas en droit de le différer, n'emporte pas acquiescement, et le pourvoi devant le conseil d'Etat est recevable. *(C. d'Et. 4 déc. 1871.)*

741. — Lorsque les conclusions du requérant ont été accueillies par le conseil de préfecture, il n'y a pas lieu à statuer sur le pourvoi devenu ainsi sans objet. *(V. not. C. d'Et. 20 nov. 1893; 21 déc. 1894; 21 janv. 1898; 27 janv. 1899.)*

742. — La réclamation est naturellement sans objet : quand le requérant n'a pas été imposé à raison des ouvertures qui motivent sa réclamation; quand il est imposé à la contribution mobilière d'après une valeur locative inférieure à celle qu'il prétend faire attribuer à son habitation; quand il n'a pas été porté au rôle pour la contribution dont il demande la décharge; quand il a été imposé aux droits dont il demandait l'application; enfin, quand il forme son pourvoi avant qu'il ait été statué par le conseil de préfecture. *(V. not. pour chaque cas, C. d'Et. 23 fév. et 26 oct. 1895; 26 juin 1897; 29 janv. 1898; 24 fév. 1899.)*

743. — En principe, quand les réclamants se désistent de leurs pourvois, il y a lieu de donner acte de leur désistement s'il est pur et simple. *(C. d'Et. 16 mars 1895; 19 mars 1897.)*

744. — Mais si le désistement est donné sous réserves, il faut rendre la décision au fond. *(C. d'Et 16 mars 1894; 2 fév. 1895; 4 déc. 1897.)*

745. — Le contribuable n'est pas recevable à se pourvoir devant le conseil d'Etat quand le conseil de préfecture lui a donné acte de son désistement. *(C. d'Et. 28 mars 1896 ; 21 mai 1897.)*

746. — Mais le recours au Conseil d'Etat doit être déclaré recevable, si le réclamant s'est désisté devant le Conseil de préfecture, alors que celui-ci n'a pas donné acte du désistement. *(C. d'Et. 2 août 1895.)*

747. — Il n'y a pas lieu de s'arrêter au désistement d'un mandataire qui ne justifie pas de son mandat; dès lors, l'affaire doit être jugée au fond. *(C. d'Et. 4 juin 1897.)*

748. — Quand le conseil d'Etat annule un arrêté du conseil de préfecture, il peut, dans certains cas, prononcer sur la contestation au fond. *(D. J. g., imp. dir. 634.)*

749. — Lorsque la décision des premiers juges est annulée pour vice de forme, le conseil d'Etat peut, soit renvoyer l'affaire devant le conseil de préfecture pour qu'il soit statué sur la réclamation après instruction régulière, soit évoquer le fond de l'affaire et statuer immédiatement.

750. — Parmi les vices de forme, il faut citer le cas où l'arrêté du conseil de préfecture ne mentionnerait pas les noms des conseillers qui l'ont rendu. Il y a alors lieu à l'annulation de l'arrêté et une jurisprudence constante décide que le conseil d'Etat peut évoquer l'affaire si l'état de l'instruction lui permet de statuer immédiatement au fond. *(V. not. C. d'Et. 31 mai, 26 juill., 8 août 1895 ; 17 janv., 7 fév. 1896; 12 fév., 30 avr., 7 et 28 mai 1897; 14 janv., 19 mars, 5 août, 17 déc. 1898; 28 janv. et 17 fév. 1899.)*

751. — Il en est de même et l'affaire doit, après annulation de l'arrêté du conseil de préfecture, être évoquée par le conseil d'Etat si elle est en état d'être jugée au fond, dans le cas où l'arrêté n'est pas motivé ou encore dans le cas où le conseil de préfecture n'a statué que sur une partie des conclusions du demandeur. *(C. d'Et. 2 août 1895; 20 janv. 1899.)*

752. — Il en est de même si l'arrêté attaqué a été rendu par des conseillers délibérant en nombre pair. *(C. d'Et. 29 fév., 28 mars 1896; 4 juin 1897; 15 janv. et 5 août 1898.)*

753. — Ou encore, si l'arrêté ne mentionne pas dans ses visas la disposition législative dont il a été fait application. *(C. d'Et. 12 nov., 10 déc. 1897 ; 14 et 15 janv. 1898.)*

754. — Les décisions du conseil d'Etat, en matière de contributions directes, sont soumises aux voies de recours de droit commun, opposition, tierce opposition et révision.

ANNEXE

Modèles de réclamations

1° Décharge et réduction.

    A. Contribution foncière *(propriété non bâtie)*.
    B. Contributions foncière *(propriété bâtie)* et des portes et fenêtres.
    C. Contribution personnelle-mobilière.
    D. Contribution des patentes.
    E. Taxes assimilées aux contributions directes.

2° Remise et modération.

1° Décharge et réduction

A. — Contribution foncière (propriété non bâtie)

1. — *Monsieur le (Préfet ou Sous-Préfet),*

Le soussigné   , propriétaire, demeurant à   , a l'honneur de vous exposer qu'une partie de ses propriétés ont eu à souffrir de l'orage survenu le   et que par suite de la quantité de sable, de blocs de pierre et autres débris

14

recouvrant le sol, le revenu matriciel assigné à ses propriétés se trouve considérablement diminué pour les numéros   de la section   du plan cadastral de la commune de

Il vous prie en conséquence, Monsieur le Préfet, de vouloir bien lui accorder le dégrèvement de l'impôt foncier figurant à l'article   du rôle et un nouveau classement des parcelles désignées ci-dessus.

Il a l'honneur d'être, etc.

(Signature et date.)

2. — *Monsieur le (Préfet ou Sous-Préfet)*,

J'ai l'avantage de vous exposer que la plus grande partie de la forêt que je possède à   , imposée à l'article   du rôle foncier de la comune de   , sous les numéros   de la section   du plan cadastral a été détruite par l'incendie qui a éclaté le   .

Ce sinistre me causant présentement et pour les années à venir une perte considérable de revenus, j'ai l'honneur de vous prier, Monsieur le Préfet, de vouloir bien m'accorder la décharge de l'impôt et un nouveau classement des parcelles éprouvées.

Veuillez agréer,

(Date, signature et adresse.)

3. — *Monsieur le (Préfet ou Sous-Préfet)*,

J'ai l'honneur de vous demander le dégrèvement de l'impôt foncier auquel me donne droit le semis (ou la plantation) de bois que j'ai fait effectuer l'an dernier et comprenant les parcelles inscrites à la

matrice cadastrale de la commune de   , sous
les numéros   de la section   , les dites
parcelles figurant à l'article   du rôle sous lequel
je suis imposé.

J'ai l'honneur,

(Date, signature et adresse.)

4. — Pour les terrains plantés ou replantés en
vignes, des bulletins de la déclaration à faire, dans
les trois mois de la publication du rôle de l'année qui
suit celle de la plantation, se trouvent dans toutes les
mairies à la disposition des contribuables.

5. — *Monsieur le (Préfet ou Sous-Préfet),*

J'ai l'honneur de vous exposer que, par acte en
date du   , enregistré à   , le   ,
j'ai vendu à M   , demeurant à   , les
parcelles ci-après désignées, inscrites à la matrice
cadastrale de la commune de   sous les numéros   de la section   pour une contenance
d'environ   , et vous prie de vouloir bien
faire opérer, au nom de mon acquéreur, la mutation
de ces propriétés imposées à l'article   du rôle.

Veuillez agréer,

(Date, signature et adresse.)

6. — *Monsieur le (Préfet ou Sous-Préfet),*

Par acte en date du   , enregistré à
le   , j'ai acquis de M.   , imposé à
l'article   du rôle de la commune de   , les

immeubles ci-dessous désignés inscrits à la matrice cadastrale de la commune de   sous les numéros   de la section   pour une contenance totale d'environ   .

Vous voudrez bien, Monsieur le Préfet, faire opérer à mon nom, la mutation de ces divers immeubles.

Daignez agréer,

(Date, signature et adresse.)

6 *bis*. — *Monsieur le (Préfet ou Sous-Préfet),*

Par suite de la donation reçue, Me   , notaire à   , je suis devenu propriétaire des parcelles de terrain, dont la désignation suit, imposées à l'article   du rôle de la commune de   au nom de   , sous les numéros   de la section   du plan cadastral.

J'ai l'honneur de vous demander, Monsieur le Préfet, de bien vouloir faire opérer, à mon nom, la mutation des propriétés désignées ci-dessus.

Et vous prie d'agréer,

(Date, signature et adresse du réclamant.)

7. — *Monsieur le (Préfet ou Sous-Préfet),*

Je viens de constater à la matrice cadastrale que les parcelles n°ˢ   , de la section   , se trouvent inscrites à mon folio n°   de la commune de   , par suite soit d'omission soit d'erreur de mutation.

Ces parcelles ne m'ont jamais appartenu (ou ont cessé de m'appartenir en vertu d'un acte de (vente, partage ou autre) en date du   ) ; elles sont aujourd'hui la propriété de M.   , demeurant à   , au nom de qui vous voudrez bien faire opérer la mutation de cote.

Veuillez agréer,

(Date, signature et adresse du réclamant.)

B. — CONTRIBUTIONS FONCIÈRE (propriété bâtie) ET DES PORTES ET FENÊTRES

8. — *Monsieur le (Préfet ou Sous-Préfet),*

Imposé cette année à l'article   du rôle foncier de la commune de   pour une nouvelle construction, sur un revenu de   , j'ai l'honneur de vous faire connaître que ce revenu est excessif comparativement à celui des autres bâtiments de la commune.

Ma maison pourrait se louer   francs au maximum, ce qui donnerait comme revenu imposable un chiffre de   francs (les 3/4 du loyer), auquel vous voudrez bien faire ramener la base de mon imposition à la propriété bâtie et m'accorder la réduction de ma cotisation de l'année en cours.

Dans le cas où il ne me serait pas donné satisfaction, je demande la vérification par experts et donne comme termes de comparaison les bâtiments de   (indiquer les noms des propriétaires).

Je désire en outre bénéficier du droit de sursis prévu par la loi du 13 juillet 1903.

Je vous prie d'agréer,

(Date, signature et adresse du réclamant.)

9. — *Monsieur le (Préfet ou Sous-Préfet),*

J'ai l'honneur de vous informer que la construction que j'ai fait élever à   , imposée cette année pour la première fois sous l'article   du rôle foncier de la commune de   sur un revenu net de   n'est pas susceptible d'un tel rapport.

Une partie de mon immeuble, représentant environ (la moitié, le tiers, le quart, suivant le cas), a été louée par bail, enregistré le   , moyennant un loyer de   francs par an. En prenant la partie louée comme terme de comparaison, l'ensemble de la maison peut représenter un loyer total de   francs, ce qui, après déduction du quart pour l'entretien, donne comme revenu imposable le chiffre de   francs, auquel je vous prie, Monsieur le Préfet, de vouloir bien faire ramener ma base de cotisation et accorder la réduction de ma cote de l'année courante.

J'ai l'honneur d'être,

(Date, signature et adresse du réclamant.)

10. — *Monsieur le (Préfet ou Sous-Préfet),*

Possédant deux maisons à   imposées sous l'article   du rôle de la commune de   , l'une sur un revenu de   francs et pour   ouvertures, l'autre sur un revenu de   francs et pour   ouvertures, j'ai l'honneur de demander la décharge des impôts (foncier et portes et fenêtres) afférents à   (celle-ci ou celle-là) convertie en bâtiment rural depuis la fin de l'année écoulée.

Veuillez agréer,

(Date, signature et adresse du réclamant.)

11. — *Monsieur le (Préfet ou Sous-Préfet),*

Imposé à l'article   du rôle foncier de la ville de   pour deux maisons, j'ai l'honneur de vous informer que le bâtiment situé au numéro de la rue   a été détruit par un incendie, le   de l'année écoulée, et vous prie, en conséquence, de bien vouloir faire supprimer ce bâtiment de la matière imposable et m'accorder la décharge des impôts foncier et des portes et fenêtres de l'année courante.

J'ai l'honneur,

(Date, signature et adresse du réclamant.)

12. — *Monsieur le (Préfet ou Sous-Préfet),*

J'ai l'honneur de vous exposer que la maison dont je suis propriétaire à   est imposée, par erreur, à   ouvertures. Ce bâtiment possédant seulement une porte et   croisées se trouve taxé pour   ouvertures en trop.

Je vous prie, Monsieur le Préfet, de vouloir bien me faire accorder la réduction de ma cote inscrite à l'article   du rôle de la commune de

Agréez,

(Date, signature et adresse du réclamant.)

13. — *Monsieur le (Préfet ou Sous-Préfet),*

Propriétaire à   et imposé à l'article   du rôle de cette commune pour deux maisons, l'une à   ouvertures, l'autre à   ouvertures, j'ai l'honneur de vous informer que j'ai fait murer   fenêtres au

bâtiment qui comptait   ouvertures et vous prie
Monsieur le Préfet, de vouloir bien me faire accorder
la réduction de l'impôt des portes et fenêtres afférent
aux   ouvertures supprimées.

Veuillez agréer,

(Date, signature et adresse du réclamant.)

14. — *Monsieur le (Préfet ou Sous-Préfet),*

Par acte en date du   de l'année écoulée,
enregistré le   , j'ai acquis de M.   ,
demeurant à   , la maison qu'il possédait à
et pour laquelle il était imposé à l'article   du rôle
de la commune de   à la contribution foncière et
à celle des portes et fenêtres.

Je viens vous demander, Monsieur le Préfet, de
vouloir bien faire opérer, à mon nom, la mutation
de cet mmeuble inscrit sous le numéro   de la
section   du plan cadastral.

Je vous prie d'agréer,

(Date, signature et adresse du réclamant.)

15. — *Monsieur le (Préfet ou Sous-Préfet),*

J'ai l'honneur de vous prier de vouloir bien faire
opérer la mutation de la maison que j'ai vendue par
acte en date du   enregistré le   , à
M.   , demeurant à   , et pour laquelle
je suis imposé à l'article   du rôle de la commune
de   , sous le numéro   de la section
pour un revenu de   francs et   ouvertures.

J'ai l'honneur d'être,

(Date, signature et adresse du réclamant.)

C. — CONTRIBUTION PERSONNELLE-MOBILIÈRE

16. — *Monsieur le (Préfet ou Sous-Préfet),*

Le soussigné   , imposé à l'article   du rôle de la commune de   pour une cote mobilière sur un loyer de   francs, a l'avantage de vous exposer que la base de sa cotisation est excessive comparativement aux cotes de la majeure partie des contribuables de la commune.

Il estime que sa cotisation doit être basée sur un loyer de   francs seulement, son logement se trouvant à peu près de la même importance que ceux de MM   imposés sur ce chiffre.

En conséquence, il vous prie, Monsieur le Préfet, de vouloir bien, pour l'avenir, faire établir sur ce chiffre sa cote mobilière et lui accorder la réduction correspondante de sa contribution pour l'année en cours.

Il a l'honneur d'être,

(Date, signature et adresse du réclamant.)

17. — *Monsieur le (Préfet ou Sous-Préfet),*

J'ai l'honneur de vous faire connaître que la cote mobilière à laquelle je suis imposé sous l'article   du rôle de la commune de   est trop élevée.

Ma contribution, actuellement basée sur un loyer de   francs, doit être diminuée et ramenée à un chiffre plus en rapport, tant avec la moyenne des mobilières de la commune, qu'avec le petit logement que j'occupe composé seulement de   pièces ne comportant que le strict nécessaire de meubles.

Dans l'espoir qu'il me sera donné satisfaction, j'ai l'honneur, etc.

(Date, signature et adresse du réclamant.)

18. — *Monsieur le (Préfet ou Sous-Préfet),*

Ayant loué un logement de moins grande importance que celui que j'occupais les années précédentes et pour lequel j'étais imposé à l'article   du rôle de la commune de   , sur une base de   francs, j'ai l'honneur de vous demander, Monsieur le Préfet, de vouloir bien me faire accorder une réduction de ma cote mobilière dont la base pourrait être équitablement fixée à   francs.

Veuillez agréer,

(Date, signature et adresse du réclamant.)

19. — *Monsieur le (Préfet ou Sous-Préfet),*

J'ai l'avantage de vous demander, par suite d'un double emploi, la décharge de la contribution personnelle-mobilière à laquelle j'ai été imposé à   , sous l'article   du rôle de la commune que j'ai quittée le   de l'an dernier.

Ci-joint l'extrait du rôle de la commune de   justifiant de mon imposition à mon nouveau domicile.

Je vous prie d'agréer,

(Date, signature et adresse du réclamant.)

20. — *Monsieur le (Préfet ou Sous-Préfet),*

J'ai l'honneur de vous exposer que j'ai été imposé, par faux emploi, à la contribution mobilière, dans la commune de   sous l'article   du rôle.

Je ne possède dans cette localité aucune habitation personnelle susceptible d'être cotisée. Lorsque je m'y rends, je descends soit à l'hôtel, soit chez un parent qui met gracieusement à ma disposition une de ses chambres.

Je vous prie donc, Monsieur le Préfet, de me faire accorder la décharge de cet impôt.

J'ai l'honneur d'être,

(Date, signature et adresse du réclamant.)

21. — *Monsieur le (Préfet ou Sous-Préfet),*

Je viens vous exposer que j'ai quitté la commune de   , le   de l'année dernière pour me fixer à   où j'ai été imposé à la contribution personnelle mobilière, ainsi qu'il résulte de l'extrait ci-joint du rôle de l'année courante.

D'autre part, j'ai reçu le   , depuis moins de trois mois, une sommation avec frais de M. le percepteur de la commune de   , mon ancienne résidence, me réclamant pour le même objet, une somme de   francs, cotisation figurant, d'après ses indications, à l'article   du rôle de cette commune.

Cette deuxième imposition constituant un double emploi, je vous prie, Monsieur le Préfet, de vouloir bien m'en faire accorder la décharge complète.

Et ai l'honneur d'être,

(Date, signature et adresse du réclamant.)

22. — *Monsieur le (Préfet ou Sous-Préfet),*

J'ai l'honneur de vous demander la décharge de la cote personnelle à laquelle M.   , dont je suis

héritier, se trouvait imposé sous l'article   du
rôle de la commune de

Cette cote, en raison du décès antérieur au 1ᵉʳ janvier, n'étant pas due pour l'année courante, j'espère,
Monsieur le Préfet, qu'il sera fait droit à ma demande
et ai l'honneur d'être,

(Date, signature et adresse du réclamant.)

23. — *Monsieur le (Préfet ou Sous-Préfet),*

Les soussignés   ont l'honneur de
vous faire connaître que M.   , dont ils ont
hérité, étant décédé antérieurement au 1ᵉʳ janvier, se
trouve indûment imposé pour l'année courante à la
contribution personnelle mobilière sous l'article
du rôle de la commune de   à raison du logement qu'il y occupait en son vivant.

N'ayant rien conservé de cet appartement, dont a
disposé le propriétaire de l'immeuble à partir de la
date du décès, les soussignés vous prient, Monsieur le
Préfet, de vouloir bien faire accorder la décharge de
la cote dont il s'agit.

Et ils ont l'honneur d'être,

(Date, signatures et adresses des réclamants.)

D. — Contribution des patentes.

24. — *Monsieur le (Préfet ou Sous-Préfet),*

Le soussigné   imposé à l'article   du rôle
des patentes de la commune de   , en qualité
de   , a l'honneur de vous informer qu'il a

cessé tout commerce antérieurement au 1ᵉʳ janvier de l'année courante.

Il vous prie en conséquence, Monsieur le Préfet, de vouloir bien lui faire accorder la décharge de son imposition de l'année et déclare en outre vouloir bénéficier du droit de sursis prévu par la loi du 13 juillet 1903.

Il a l'honneur,

(Date et signature du réclamant.)

25. — *Monsieur le (Préfet ou Sous-Préfet),*

Imposé à l'article   du rôle des patentes de la commune de   pour les deux professions de et de   , j'ai l'honneur de vous faire connaître que, depuis la fin de l'année écoulée, j'ai cessé l'exercice de celle-ci (ou de celle-là) et vous prie de me faire accorder la réduction de ma contribution en ce qui concerne les droits afférents à la profession que je n'exerce plus.

Je désire bénéficier des dispositions de la loi relatives au droit de sursis et vous prie, Monsieur le Préfet, de bien vouloir agréer,

(Date, signature et adresse du réclamant.)

26. — *Monsieur le (Préfet ou Sous-Préfet),*

J'a l'honneur de vous informer qu'une erreur s'est glissée dans l'établissement de ma contribution des patentes sous l'article   du rôle de la commune de

Le droit proportionnel a été calculé sur une valeur locative de   francs, tandis que je paie   francs

de loyer, ainsi qu'il résulte de mon bail enregistré
à   le

Veuillez, je vous prie, faire ramener à ce chiffre la base de ma cotisation et me faire accorder la réduction du surplus.

J'ai l'honneur,

(Date, signature et adresse du réclamant.)

27. — *Monsieur le (Préfet ou Sous-Préfet),*

Ayant été imposé pour l'année courante en qualité de , à l'article du rôle des patentes de la commune de , sur une valeur locative de francs, j'ai l'honneur de vous exposer que depuis le 31 décembre écoulé, j'ai quitté les locaux sur lesquels les droits avaient été basés et en ai pris de nouveaux d'un loyer inférieur.

Je paie actuellement francs seulement de location et vous prie en conséquence, Monsieur le Préfet, de vouloir bien me faire accorder la réduction de ma patente à établir non sur la valeur locative de mes anciens locaux, mais bien sur celle des nouveaux. .

Veuillez agréer,

(Date, signature et adresse du réclamant.)

28. — *Monsieur le (Préfet ou Sous-Préfet),*

La soussignée , veuve de , a l'avantage de vous exposer que, depuis le , date du décès de son mari, le commerce de , en raison duquel il était imposé à l'article du rôle des patentes de la commune de , a complètement pris fin.

Elle vous prie donc, Monsieur le Préfet, de vouloir bien lui faire accorder la réduction de l'impôt des patentes pour les mois à courir du jour du décès.

Elle vous présente,

(Date, signature et adresse.)

29. — *Monsieur le (Préfet ou Sous-Préfet),*

Héritier de M.   , en son vivant demeurant à   et imposé à l'article   du rôle des patentes de la commune de   , en qualité de   , j'ai l'honneur de vous demander, par suite de la cessation complète du commerce depuis le jour du décès, antérieur au 1er janvier, la décharge de la patente à laquelle il se trouvait imposé pour l'année courante.

Je désire, en outre, bénéficer des dispositions de la loi du 13 juillet 1903 relativement au droit de sursis.

Veuillez agréer,

(Date, signature et adresse du réclamant.)

30. — *Monsieur le (Préfet ou Sous-Préfet),*

Les soussignés   , héritiers de M.   , imposé à l'article   du rôle des patentes de la commune de   , en qualité de   , ont l'honneur de vous exposer qu'il est décédé le   , et que depuis cette date, toute opération commerciale a pris fin.

Ils vous prient de vouloir bien faire accorder la réduction de la patente à laquelle il était imposé et due seulement pour les mois antérieurs au décès et le mois courant.

Ils ont l'honneur d'être,

(Date, signatures et adresses des réclamants.)

31. — *Monsieur le (Préfet ou Sous-Préfet),*

Par acte en date du   , enregistré à   ,
le   , j'ai cédé à M.   , demeurant
à   , l'établissement que j'exploitais dans la
commune de   , et pour lequel j'étais imposé
à l'article   du rôle des patentes de la dite commune
pour une somme de   francs.

J'ai l'honneur de vous demander, Monsieur le
Préfet, de vouloir bien faire opérer le transfert de
cette patente à mon cessionnaire à compter du
    , date de son entrée en jouissance.

J'ai l'honneur,

(Date, signature et adresse du réclamant.)

32. — *Monsieur le (Préfet ou Sous-Préfet),*

Suivant acte en date du   , enregistré à
le   , j'ai acquis le fonds de commerce de M.
imposé à l'article   du rôle des patentes de la
commune de

Je vous prie, Monsieur le Préfet, de faire opérer à
mon nom le transfert de cette patente à compter du
          , époque de mon entrée en jouissance.

Veuillez recevoir,

(Date, signature et adresse du réclamant.)

E. — TAXES ASSIMILÉES AUX CONTRIBUTIONS DIRECTES.

33. — *Monsieur le (Préfet ou Sous-Préfet),*

Ayant vendu antérieurement au 1er janvier de l'année courante, le cheval et la voiture que je possédais

et pour lesquels je suis encore imposé à l'article
du rôle de la commune de   , j'ai l'honneur de
vous demander la décharge de cet impôt indûment
établi.

Veuillez agréer,

(Date, signature et adresse du réclamant.)

34. — *Monsieur le (Préfet ou Sous-Préfet),*

Imposé à l'article   du rôle des chevaux et voitures de la commune de   .   pour une voiture à
deux roues et une à quatre, j'ai l'honneur de vous
informer que j'ai vendu, antérieurement au 1ᵉʳ janvier, ce (premier ou dernier) élément d'imposition, et
vous demande, Monsieur le Préfet, de vouloir bien me
faire accorder la réduction de ma taxe.

Agréez, je vous prie,

(Date, signature et adresse du réclamant.)

35. — *Monsieur le (Préfet ou Sous-Préfet),*

Je reçois de la commune de   un extrait du
rôle de la taxe des chevaux et voitures portant l'article
       et mentionnant comme éléments imposables
un cheval et une voiture à quatre roues.

Je possède bien un domaine dans cette commune et
m'y rends fréquemment pour en diriger l'exploitation,
mais n'y ait point mon domicile réel, et c'est à tort
que j'y ai été assujetti à la taxe qui fait l'objet de ma
réclamation. Les éléments qui ont servi de base à
l'impôt établi dans cette commune n'y séjournent
qu'accidentellement, ils s'y trouvent plutôt de passage,

ils sont d'ailleurs imposés à   , mon domicile effectif, ainsi qu'il résulte de l'extrait ci-joint du rôle de cette commune.

Jé vous prie donc, Monsieur le Préfet, de vouloir bien me faire accorder la décharge d'une taxe indûment établie et formant double emploi.

Veuillez recevoir,

(Date, signature et adresse du réclamant.)

36. — *Monsieur le (Préfet ou Sous-Préfet),*

Ayant cessé, avant le 1ᵉʳ janvier, le commerce que j'exerçais, pour lequel j'étais et suis encore imposé à la taxe des poids et mesures sous l'article   du rôle de la commune de   , j'ai l'honneur de vous prier de vouloir bien me faire accorder la décharge de cette taxe que je ne dois plus.

Veuillez agréer,

(Date, signature et adresse du réclamant.)

37. — *Monsieur le (Préfet ou Sous-Préfet),*

J'ai l'honneur de vous informer que j'ai vendu, antérieurement au 1ᵉʳ janvier, le billard pour lequel je suis imposé à l'article   du rôle de la commune de   et vous demande, Monsieur le Préfet, de vouloir bien me faire accorder la décharge de la taxe de l'année courante.

Agréez, je vous prie,

(Date, signature et adresse.)

38. — *Monsieur le (Préfet ou Sous-Préfet),*

Le soussigné   , imposé à l'article   du rôle de la commune de   pour trois chiens, a l'honneur de vous exposer qu'il n'en possède que deux, depuis la fin de l'année écoulée, et vous demande en conséquence la réduction de sa taxe.

Il vous prie d'agréer,

(Date, signature et adresse.)

39. — *Monsieur le (Préfet ou Sous-Préfet),*

J'ai l'honneur de vous exposer que je suis indûment imposé à la taxe municipale sur les chiens pour l'année courante sous l'article   du rôle de la commune de

Je n'en possède plus depuis l'année dernière et vous prie de vouloir bien me faire accorder la décharge de cette taxe.

J'ai l'honneur,

(Date, signature et adresse.)

40. — *Monsieur le (Préfet ou Sous-Préfet),*

J'ai l'avantage de vous informer que je suis indûment imposé à la taxe des prestations dans la commune de   sous l'article   . J'ai quitté cette commune antérieurement au 1er janvier de l'année courante et n'y possède plus aucun élément imposable ; je vous prie donc de vouloir bien me faire accorder la décharge de cet impôt.

Agréez,

(Date, signature et adresse du réclamant.)

41. — *Monsieur le (Préfet ou Sous-Préfet),*

Imposé à l'article   du rôle des prestations de la commune de   pour deux hommes, un cheval et une voiture, j'ai l'honneur de vous informer que j'ai atteint l'an dernier, ma soixantième année et que je ne suis plus imposable en ce qui concerne ma personne.

Vous voudrez bien, en conséquence, faire réduire ma cotisation de la taxe d'un homme.

Veuillez agréer,

(Date, signature et adresse.)

2°. — **Remise et modération**

42. —*Monsieur le (Préfet ou Sous-Préfet),*

J'ai l'honneur de vous exposer que l'orage survenu le   a fortement ravagé une partie de mes propriétés situées à

Les parcelles sinistrées, imposées à l'article   du rôle de la commune de   , sont inscrites sous les numéros   de la section   du plan cadastral.

Je vous prie, Monsieur le Préfet, de vouloir bien, en raison de cet événement, m'accorder la remise de l'impôt foncier afférent à ces parcelles dont les récoltes de l'année sont complètement perdues.

J'ai l'honneur,

(Date, signature et adresse du réclamant.)

43. — *Monsieur le (Préfet ou Sous-Préfet),*

Le soussigné   , imposé à l'article   du rôle de la commune de   pour une maison à   ouvertures, sur un revenu de   francs, a l'honneur de vous exposer que cette maison, destinée à la location, est vacante depuis un an, malgré la publicité faite pour arriver à la location.

Il vous prie, Monsieur le Préfet, de vouloir bien lui accorder la remise des impôts foncier (propriété bâtie) et des portes et fenêtres afférents à ce bâtiment.

Il a l'honneur,

(Date et signature.)

44. — *Monsieur le (Préfet ou Sous-Préfet),*

Imposé à l'article   du rôle de la commune de   pour deux maisons dont une est destinée à la location, j'ai l'avantage de vous faire connaître que, malgré la publicité faite dans ce sens, je n'ai pu la louer depuis un an.

Je vous prie, Monsieur le Préfet, de vouloir bien m'accorder la modération de mes impôts des propriétés bâties et des portes et fenêtres. Ce bâtiment est imposé sur un revenu de   francs et compte   ouvertures.

Veuillez agréer,

(Date, signature et adresse du réclamant.)

45. — *Monsieur le (Préfet ou Sous-Préfet),*

J'ai l'honneur de vous exposer que le 1er étage de la maison que je possède au n°   de la rue

à ·   et pour laquelle je suis imposé à l'article
du rôle de   est demeuré vacant pendant une
année entière, màlgré la publicité faite en vue de la
location.

Cet étage compte   ouvertures et était précédemment loué   francs par bail enregistré à   ,
le   (ou par location verbale en date du   ).

Vous voudrez bien, Monsieur le Préfet, m'accorder
la modération de mes contributions des propriétés
bâties et des portes et fenêtres en raison des bases
ci-dessus indiquées.

J'ai l'honneur,

(Date, signature et adresse.)

46. — *Monsieur le (Préfet ou Sous-Préfet),*

L'un des magasins de la maison que je possède
à   , imposée à l'article   du rôle de la
commune de   , est resté vacant pendant une
année entière.

Ce magasin compte   ouvertures et était antérieurement loué   francs à M.   , suivant
déclaration de location verbale en date du
(ou bail enregistré le   ).

Je vous demande, en conséquence, Monsieur le
Préfet, de vouloir bien m'accorder la modération de
ma cote en ce qui concerne les impôts foncier et des
portes et fenêtres afférents à cette partie de mon
immeuble.

Veuillez agréer,

(Date, signature et adresse.)

47. — Monsieur le (Préfet ou Sous-Préfet),

J'ai l'honneur de vous exposer que je viens de louer   (suivant le cas : l'étage, le magasin, etc.), vacant depuis quinze mois, de la maison que je possède à   pour laquelle je suis imposé à l'article   du rôle de la commune de

Ayant déjà présenté, en temps opportun, une demande en modération de cote des impôts foncier et des portes et fenêtres, pour la période des douze premiers mois de la vacance, j'ai l'avantage de vous prier, Monsieur le Préfet, de vouloir bien m'accorder la même modération pour la période complémentaire de trois mois pendant lesquels s'est continuée la vacance, à raison d'un loyer de   francs et pour   ouvertures.

Agréez, je vous prie,

(Date, signature et adresse.)

48. — Monsieur le (Préfet ou Sous-Préfet),

J'ai l'avantage de vous faire connaître qu'à la suite du départ de M.   , mon locataire, l'usine qu'il exploitait et pour laquelle je figure à l'article   du rôle de la commune de   pour   ouvertures et un revenu de   francs, a été vacante pendant   mois.

Je vous prie, en conséquence, de vouloir bien m'accorder la modération des impôts foncier et des portes et fenêtres pour la période du chômage et sur les bases indiquées ci-dessus.

J'ai l'avantage,

(Date, signature et adresse.)

49. — *Monsieur le (Préfet ou Sous-Préfet),*

J'ai l'honneur de vous exposer que la maison que je possède au n°   de la rue de   , imposée à l'article   du rôle de la ville de   pour ouvertures, est demeurée inoccupée depuis le date du départ de M.   , mon locataire, jusqu'à ce jour.

Cette vacance ayant duré pendant   mois, je vous prie, Monsieur le Préfet, de vouloir bien m'accorder la modération de l'impôt des portes et fenêtres pour ce laps de temps.

J'ai l'honneur,

(Date, signature et adresse du réclamant.)

50. — *Monsieur le (Préfet ou Sous-Préfet),*

Un incendie ayant détruit le 24 janvier (ou toute autre date), la maison que je possède à   , pour laquelle je suis imposé à l'article   du rôle de la commune de   , sur un revenu de   francs, et pour ouvertures, j'ai l'avantage de vous prier de vouloir bien m'accorder, pour l'année en cours, la modération des contributions afférentes à ce bâtiment.

Veuillez agréer,

(Date, signature et adresse du réclamant.)

51. — *Monsieur le (Préfet ou Sous-Préfet).*

J'ai l'honneur de solliciter de votre bienveillance la remise de la cote personnelle-mobilière à laquelle je suis imposé sous l'article   du rôle de la commune de   .

Ayant eu ma famille malade et l'ayant été moi-
même, je me trouve dans une gêne telle, que, si je
veux assurer du pain aux miens, il m'est impossible
de prélever sur ma modeste journée le montant de
ma cotisation de cette année.

J'ose espérer, monsieur le Préfet, que vous voudrez
bien prendre ma demande en considération et ai l'honneur de vous présenter mes respectueux remercie-
ments.

(Date, signature et adresse du réclamant.)

52. — *Monsieur le (Préfet ou Sous-Préfet),*

Le soussigné   , demeurant à   ,
imposé à l'article   du rôle des patentes de la commune de   pour une somme de   ,
a l'honneur de solliciter de votre haute bienveillance,
la remise ou tout au moins une modération de sa
cotisation de l'année courante.

Ayant été éprouvé par la maladie et n'ayant pu
s'occuper d'une façon continue de son petit commerce,
il s'en est suivi une baisse sérieuse dans le chiffre de
ses affaires et, par suite, de ses bénéfices. De sorte que
le soussigné se trouve dans une situation de gêne telle,
que, pour subvenir aux besoins de sa nombreuse famille, il se voit dans la nécessité de faire appel à
votre bienveillante humanité, dans l'espoir qu'il vous
sera possible, Monsieur le Préfet, de lui venir en
aide en lui accordant la remise de sa contribution des
patentes de l'année courante.

(Date, signature et adresse du réclamant.)

53. — *Monsieur le (Préfet ou Sous-Préfet)*

Inscrit à l'assistance obligatoire aux vieillards, infirmes et incurables, le soussigné   , demeurant à   , imposé à la contribution personnelle et mobilière sous l'article   , du rôle de la commune de   , a l'honneur de solliciter de votre bienveillance la remise de sa cote s'élevant à   , qu'il ne peut verser par suite de son extrême indigence.

Il ose espérer, Monsieur le Préfet, que vous voudrez bien avoir égard à sa misère et faire droit à sa demande.

Et il a l'honneur d'être,

(Date et signature du réclamant.)

TABLE ANALYTIQUE

A

Acquéreur : Nos 79, 174, 502 à 509, 529, 530.
Acquiescement : 739, 740.
Acte d'huissier : 298, 362.
Addition de construction. (V. *Construction nouvelle*.)
Adjudicataire : 172, 174, 175.
Algérie : 680.
Annalité : 349, 350, 358 à 361, 711.
Associé : 60, 495, 496.
Avertissement : 290, 293, 345 à 347.
Avocat : 674, 699, 715.
Avoué : 552, 553, 715.

B

Bâtiment rural : 399, 405, 406.
Billard : 16, 161, 372.
Bois : 6, 106, 109 à 113, 447.

C

Cadastre : 3, 5, 429 à 453.

Caractère de la demande : 298, 299, 588, 589, 683 à 687.
Caractère de l'expertise : 578 à 589.
Cédant : 14, 159 à 181, 414 à 423.
Cessation de commerce : 12, 24, 25, 167 à 169, 184, 198, 372, 376.
Cession d'établissement : 14, 159 à 181, 414, 416 à 423.
Cessionnaire : 14, 159 à 181, 414 à 423, 510, 511.
Chevaux et voitures : 16, 29, 78, 310, 327, 372.
Chien : 16, 33, 327.
Chômage d'usine : 39, 269 à 271, 287.
Commandement : 56, 385, 387. (V. *Poursuites*.)
Communication de dossier : 570 à 577.
Compétence : 42 à 64, 73 à 78, 99, 113, 250, 255, 256, 263, 274 à 282, 598, 599, 637.
Conseil d'Etat : 45, 638, 639, 673 à 754.

Construction nouvelle, addition de construction et reconstruction : 6, 8, 104, 107, 108, 118 à 158, 401.

Contribuable inscrit : 185, 488 à 494.

Contribution foncière : 6, 9, 30, 37, 65, 70, 71, 73, 79 à 87, 214, 392.
1° Propriété bâtie : 36 *bis*, 39, 72, 74, 75, 107, 108, 118 à 158, 264 à 271, 397 à 412, 531 *bis*, 567, 618, 621, 622 ;
2° Propriété non bâtie : 4, 5, 41, 106, 109 à 117, 132, 251 à 263, 429 à 453, 531 *bis*.

Contribution personnelle-mobilière : 11, 26 à 28, 30 à 34, 36 *ter*, 77, 204 à 208, 212 à 246, 328, 355, 356, 372, 373, 381, 392, 455, 531, 531 *bis*, 622.

Contribution des portes et fenêtres : 7, 8, 9, 36, 39, 66, 70 à 75, 79 à 87, 107, 118 à 127, 130, 131, 214, 264 à 271, 327, 329, 375, 382, 392, 455, 481, 509.

Contribution des patentes : 12 à 15, 24, 25, 49, 49 *bis*, 62, 159 à 205, 209 à 243, 330, 349 à 356, 365, 366, 372, 375, 376, 380, 383, 392, 413 à 428, 455, 485, 493 à 496, 510, 511, 532 *bis*.

Contrôleur : 362, 365.

Cote : 312 à 334.

D

Décès : 15, 87, 182 à 194, 415, 424, 425, 462.

Décharge et réduction : 1 à 37, 268 *bis*.

Déchéance : 288, 341, 478, 479.

Déclaration à la mairie : 308 à 311, 363 à 365, 391 à 396.

Délai : 5, 20, 89 à 91, 112, 117, 120, 128, 129, 135 à 140, 159, 160, 206, 207, 209, 210, 228, 230 à 239, 242, 243, 261, 286 à 289, 292 à 294, 338 à 488, 576, 590 à 595, 609, 638, 645, 652 à 655, 659, 673 à 681.

Déménagement : 206 à 246.

Démolition : 9, 27, 264, 267, 268, 287, 403, 408.

Département : 47 à 49.

Dépôt de dossier : 292, 293.

Dépôt de la demande : 303 à 311, 675, 727, 728.

Désistement : 743 à 747.

Destruction de la matière imposable : 5, 9, 27, 264, 402 à 404.

Domicile : 11, 27, 28, 31 à 34, 348, 363, 373, 454 à 459.

Dossier. (V. *Dépôt de dossier*.)

Double emploi : 4, 11, 12, 21, 30 à 34, 367 à 390, 416.

E

Eléments d'imposition : 16, 23, 26, 29, 354, 372.

Enregistrement : 335, 556 à 561.

Entrepreneur : 49, 349 à 353.

Exemption temporaire : 3, 6, 8, 106 à 158.

Expertise : 578 à 639.

F

Faillite : 15, 182, 195 à 203, 383, 415, 426, 526.

Faux emploi : 11, 21 à 29, 367 à 390.

Femme : 85, 86, 186 à 191, 462, 532, 534 à 537, 592.

Fenêtres : (V. *Contribution des portes et fenêtres.*)

Fermeture d'établissement : 3, 15. (V. *Décès, Faillite, Liquidation judiciaire.*)

Fermier : 215, 497 à 499.

Forme des pourvois : 682 à 728.

Forme des réclamations : 290 à 337.

Forme de l'expertise : 596 à 631.

Frais de l'expertise : 632 à 639.

Frais de poursuites : (V. *Poursuites.*)

G

Gelée : 40, 253, 447.

Gêne : 40, 249, 273, 289.

Grêle : 38, 251, 253.

H

Habitation : (V. *Domicile.*)

Habitation à bon marché : 6, 8, 118 à 127.

Héritier : 71, 87, 192 à 195, 424, 456, 462, 463, 531 à 533.

I

Incendie : 9, 38, 264 à 266, 449.

Indigence : 40, 272, 273, 289.

Infirmités : 40, 273, 289.

Inondation : 9, 251, 253, 449.

Instruction des pourvois : 729 à 754.

Instruction des réclamations: 564 à 651.

J

Jour férié : 471.

Jugement des réclamations : 652 à 658.

L

Liquidation judiciaire : 15, 174, 182, 195 à 203, 415, 427, 428.

Locataire : 81, 82, 498 à 501.
(V. *Propriétaire et principal locataire*.)
Logement : (V. *Domicile*.)
Logeur en garni : 244 à 246.

M

Maire : 257, 306, 307, 476, 546, 555, 566, 696 *bis*.
Mairie : 308 à 311, 363 à 365, 390 à 396, 477.
Maladie : 40, 273, 348.
Mandat : 489, 490, 497, 501, 506 à 508, 547 à 563, 702 à 715.
Mandataire : 295, 574, 649 à 651, 678, 702 à 715.
Mandat-poste : 59 *bis*.
Mine : 66, 76.
Ministre des finances : 263, 276, 281, 283, 288.
Modèles de réclamations : (V. *à la fin de la table*.)
Modération : (V. *Remise et modération*.)
Motifs de réclamations : 4 à 41.
Moyens : 290, 480, 688 à 690, 738.
Mutation de cote : 3, 4, 7, 65 à 105, 533.

N

Notaire : 554.

O

Oppositions : 45, 55 à 64, 638, 661 à 665.

P

Patente. (V. *Contribution des patentes*.)
Paiement : 294, 388, 390, 512 à 530.
Pavage : 73, 465.
Percepteur : 669, 670.
Personne morale : 541 à 546.
Personnelle-mobilière. (V. *Contribution personnelle-mobilière*.)
Phylloxéra : 106, 114, 116, 254, 255.
Plantation et replantation : 6, 106, 109 à 117.
Poids et mesures : 16.
Portes et fenêtres. (V. *Contribution des portes et fenêtres*.)
Poursuites : 55 à 64, 384 à 387, 454, 514 à 530, 543, 544.
Pourvoi : 45, 673 à 754.
Pouvoirs. (V. *Mandat*.)
Préfet : 46, 250, 256, 263, 276 à 284, 307, 545, 599.
Prestations : 16 à 19, 29, 33, 78, 308, 315, 372, 377, 378, 392, 461, 464, 674.
Principal locataire. (V. *Propriétaire et principal locataire*.)

Propriétaire : 62, 79 à 84.

Propriétaire et principal locataire : 3, 204 à 246, 269 *bis*, 319, 500, 501.

Propriété bâtie ou non bâtie. (V. *Contribution foncière.*)

Publication des rôles : 368, 454 à 468.

Q

Qualité pour faire la demande : 79 à 87, 202, 203, 488 à 563, 705.

Quittance : 336, 337.

R

Reboisement. (V. *Bois.*)

Réclamation antérieure : 358 à 361.

Réclamation individuelle : 300 à 302, 716 à 722.

Récoltes : 256, 287.

Reconstruction. (V. *Construction nouvelle.*)

Recours au Conseil d'Etat : 665 à 670, 673 à 754.

Recours par voie d'opposition et tierce opposition : 661 à 672.

Réduction. (V. *Décharge et réduction.*)

Relations d'affaires ou de famille : 550, 551, 713.

Remboursement : 61 à 63, 460, 461, 514 à 517, 523, 524, 527, 529.

Remise ou modération : 1, 2, 10, 38 à 41, 46, 247 à 289, 479.

Répartiteurs : 564 à 569.

Résidence. (V. *Domicile.*)

Responsabilité : 3, 62, 204 à 246, 319. (V. *Propriétaire et principal locataire.*)

Restitution. (V. *Remboursement.*)

S

Saisie. (V. *Poursuites.*)

Semis. (V. *Bois.*)

Signature : 295 à 297, 699 à 701.

Société : 60, 122, 123.

Supputation de délai : 469 à 479.

Sursis de paiement : 294, 294 *bis*, 652, 654.

Surtaxe : 9, 11, 13, 21, 35 à 36 *ter*, 375.

Syndic : 538 à 540.

Syndicat : 56, 344, 468.

T

Taxes assimilées : 16 à 19, 29, 33, 42, 50, 66, 78, 214, 304, 318, 343, 370, 372, 580, 596, 674, 691, 731.

Taxe vicinale : 17, 18, 19.

Tierce opposition: 666 à 672, 754.

Tiers: 61, 98, 100, 166, 357, 512 à 530, 547, 563, 712.

Timbre: 89, 285, 312 à 335, 674, 691 à 698.

Transfert de patente: 3, 14, 159 à 181, 416 à 423.

Travaux publics. (V. *Entrepreneur.*)

Tribunaux civils: 57, 58, 59 *ter.*

U

Usine: 9, 39, 129, 264, 287, 407.

V

Vacance de maison: 39, 269 à 271, 287, 401.

Valeur locative: 36 *bis*, 118, 119, 127, 153 à 158, 375, 401, 407 à 412.

Vigne: 6, 106, 114 à 117.

Voies de recours: 661 à 676.

Voitures. (V. *Chevaux et voitures.*)

ANNEXE

Modèles de réclamations

1° *Décharge et réduction.*

Contribution foncière (propriété non bâtie) : N°ˢ 1 à 7.

Contribution foncière (propriété bâtie) et contribution des portes et fenêtres : 8 à 15.

Contribution personnelle et mobilière : 16 à 23.

Contribution des patentes : 24 à 32.

Taxes assimilées : 33 à 41.

2° *Remise et modération.*

Divers impôts : 42 à 53.

TABLE DES MATIÈRES

PREMIÈRE PARTIE

Des divers motifs de réclamations

CHAPITRE PREMIER. — *Différentes sortes de réclamations. — Juridiction compétente* 9

  § 1er. — Généralités : Nos 1 à 19.

  § 2. — Décharge et réduction : 1° faux emploi ; 2° double emploi ; 3° surtaxe ; 4° destruction de la matière imposable : 20 à 37.

  § 3. — Remise et modération : 38 à 42.

  § 4. — Juridiction compétente : 1° conditions auxquelles est subordonnée la compétence du Conseil de préfecture ; 2° étendue de cette compétence : 43 à 64.

CHAPITRE II. — *Demandes en mutation de cote.* 31

  § 1er. — Généralités : 65 à 72.

  § 2. — Compétence : 73 à 78.

  § 3. — Qualité pour demander la mutation : 79 à 87.

  § 4. — Formes, délais, instruction de la demande : 88 à 101.

  § 5. — Au nom de qui la mutation peut être prononcée : 102 à 105.

CHAPITRE III. — *Exemptions temporaires*   41

§ 1er. — Généralités : 106 à 108.

§ 2. — Semis et plantations de bois : 109 à 113.

§ 3. — Plantations et replantations de vignes : 114 à 117.

§ 4. — Habitations à bon marché : 118 à 127.

§ 5. — Constructions nouvelles, reconstructions et additions de constructions : 128 à 158.

CHAPITRE IV. — *Cessions et fermetures d'établissements*   57

§ 1er. — Cessions d'établissements : transfert de patente et de billard.

1° Généralités : 159 à 161.

2° Qualité pour demander le transfert : 162 à 166.

3° Conditions nécessaires pour qu'il y ait lieu à transfert : 167 à 181.

§ 2. — Fermetures d'établissements.

1° Décès : 182 à 194.

2° Faillite ou liquidation judiciaire : 195 à 203.

CHAPITRE V. — *Responsabilité des propriétaires et principaux locataires*   69

§ 1er. — Généralités : 204 à 211.

§ 2. — Etendue de la responsabilité : 212 à 221.

§ 3. — A qui incombe la responsabilité : 222 à 229.

§ 4. — Déménagement normal : 230 à 236.

§ 5. — Déménagement furtif : 237 à 243.

§ 6. — Responsabilité des logeurs en garni : 244 à 246.

CHAPITRE VI. — *Remise et modération*........ 83
 § 1er. — Caractères généraux : 247 à 250.
 § 2. — Propriétés non bâties : 251 à 263.
 § 3. — Propriétés bâties ; portes et fenêtres : 264 à 271.
 § 4. — Motifs divers se rapportant à différentes contributions : 272 à 275.
 § 5. — Compétence : 276 à 282.
 § 6. — Procédure, formes et délais de présentation : 283 à 289.

DEUXIÈME PARTIE

Des différentes questions de forme des réclamations

CHAPITRE PREMIER. — *Forme des réclamations.* 95
 § 1er. — Exposé, signature, caractère de la
   demande : 290 à 299.
 § 2. — Réclamation individuelle : 300 à 302.
 § 3. — Dépôt de la demande : 303 à 311.
 § 4. — Timbre 312 à 335.
 § 5. — Quittance des termes échus : 336
   à 337.
CHAPITRE II. — *Délais de production des réclamations*.................................... 109
 § 1er. — Délai ordinaire de trois mois : 338
   à 366.
 § 2. — Délai spécial aux faux et doubles
   emplois : 367 à 390.
 § 3. — Délai spécial aux déclarations à la
   mairie : 391 à 396.
 § 4. — Délai spécial aux propriétés bâties :
   397 à 412.

§ 5. — Délai spécial aux patentes : 413 à 428.

§ 6. — Délai spécial aux réclamations cadastrales : 429 à 453.

§ 7. — Autres délais spéciaux admis par la jurisprudence : 454 à 468.

§ 8. — Supputation du délai : 469 à 479.

§ 9. — Etendue de la réclamation relativement aux délais : 480 à 487.

CHAPITRE III. — *Qualité pour faire la réclamation*..................................... 149

§ 1er. — Principe. — Contribuable inscrit : 488 à 496.

§ 2. — Fermiers, locataires, acquéreurs : 497 à 511.

§ 3. — Tiers ayant payé pour le contribuable : 512 à 530.

§ 4. — Héritiers, femmes mariées, syndics, personnes morales : 531 à 546.

§ 5. — Mandat : 547 à 563.

CHAPITRE IV. — *Instruction et jugement des réclamations*............................ 169

§ 1er. — Instruction préliminaire.

1° Communication aux répartiteurs : 564 à 569.

2° Communication du dossier au réclamant en cas de rejet : 570 à 577.

§ 2. — Expertise.

1° Caractère obligatoire de l'expertise : 578 à 589.

2° Délai de la demande d'expertise : 590 à 595.

3° Formes et opérations de l'expertise : 596 à 631.

4° Frais de l'expertise : 632 à 639.

§ 3. — Instruction devant le Conseil de préfecture : 640 à 651.

§ 4. — Jugement des réclamations et notification des arrêtés : 652 à 660.

§ 5. — Recours contre les arrêtés par voie d'opposition ou tierce opposition : 661 à 672.

CHAPITRE V. — *Recours au Conseil d'Etat* 195

§ 1er. — Généralités : 673 à 675.

§ 2. — Délai du pourvoi : 676 à 681.

§ 3. — Formes du pourvoi : 682 à 728.

§ 4. — Instruction du pourvoi devant le Conseil d'Etat : 729 à 754.

ANNEXE

Modèles de réclamations 213

IMPRIMERIE COOPÉRATIVE OUVRIÈRE

VILLENEUVE-SAINT-GEORGES (S.-ET-O.)